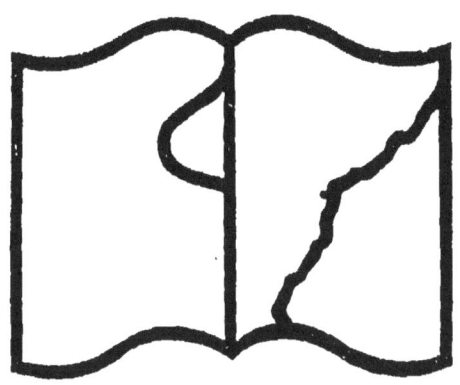

Texte détérioré — reliure défectueuse
NF Z 43-120-11

VALABLE POUR TOUT OU PARTIE DU DOCUMENT REPRODUIT

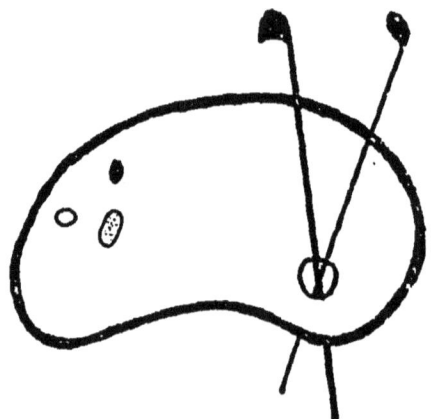

DEBUT D'UNE SERIE DE DOCUMENTS
EN COULEUR

DERNIER VOYAGE
DE LA REINE DE NAVARRE
MARGUERITE D'ANGOULÊME

SŒUR DE FRANÇOIS Iᵉʳ

AVEC SA FILLE JEANNE D'ALBRET

AUX BAINS DE CAUTERETS
(1549)

ÉPITRES EN VERS INCONNUES

DES HISTORIENS DE CES PRINCESSES ET DES ÉDITEURS DE LEURS ŒUVRES

ÉTUDE CRITIQUE ET HISTORIQUE
D'APRÈS DES TEXTES INÉDITS ET DES RECHERCHES NOUVELLES

SUIVIE D'UN

APPENDICE SUR LE VIEUX CAUTERETS, SES THERMES
ET LEURS TRANSFORMATIONS

PAR

FÉLIX FRANK

Membre de la Société d'Histoire littéraire de la France.

TOULOUSE	PARIS
IMPRIMERIE ET LIBRAIRIE	LIBRAIRIE HISTORIQUE DES PROVINCES
ÉDOUARD PRIVAT	**ÉMILE LECHEVALIER**
45, rue des Tourneurs, 45.	39, quai des Grands-Augustins, 39

1897

DERNIER VOYAGE

DE LA REINE DE NAVARRE

MARGUERITE D'ANGOULÈME

SŒUR DE FRANÇOIS Ier

AVEC SA FILLE JEANNE D'ALBRET

AUX BAINS DE CAUTERETS

(1549)

DU MÊME AUTEUR :

ÉTUDES SUR LE SEIZIÈME SIÈCLE

ÉTUDE CRITIQUE en tête des *Marguerites de la Marguerite des Princesses*, poésies de Marguerite d'Angoulême, reine de Navarre, sœur de François Ier, avec Notes et Glossaire. (Paris, D. Jouaust, 1873. — 4 vol. in-16, *Cabinet du Bibliophile*.)

ÉTUDE CRITIQUE en tête du *Cymbalum mundi*, de Bonaventure des Periers, avec Commentaire et Index. (Paris, A. Lemerre, 1873, 1 vol. in-12 écu, *Bibliothèque d'un curieux*.)

ÉTUDE ET RECHERCHES NOUVELLES SUR NOEL DU FAIL. (Paris, J. Charavay, 1876, broch. in-8°.)

ÉTUDE CRITIQUE en tête des *Comptes du monde adventureux*, par A. D. S. D. (Antoine de Saint-Denis, familier de la reine de Navarre), avec Appendices, Notes et Index. (Paris, A. Lemerre, 1878, 2 vol. in-12 écu, *Bibliothèque d'un curieux*.)

ÉTUDE HISTORIQUE ET CRITIQUE en tête de l'*Heptaméron des Nouvelles*, de la reine de Navarre, avec Appendices, Notes et Index. (Paris, I. Liseux, 1879-1880, 3 vol. *Collection elzévirienne*. — Ouvrage couronné par l'*Académie française*. (Prix Archon-Despérouses, 1881.)

LEXIQUE DE LA LANGUE DE BONAVENTURE DES PÉRIERS, en collaboration avec M. Adolphe Chenevière. (Paris, L. Cerf, 1887, 1 vol. in-8°.)

DERNIER VOYAGE

DE LA REINE DE NAVARRE

MARGUERITE D'ANGOULÊME

SŒUR DE FRANÇOIS Ier

AVEC SA FILLE JEANNE D'ALBRET

AUX BAINS DE CAUTERETS

(1549)

ÉPÎTRES EN VERS INCONNUES

DES HISTORIENS DE CES PRINCESSES ET DES ÉDITEURS DE LEURS ŒUVRES

ÉTUDE CRITIQUE ET HISTORIQUE

D'APRÈS DES TEXTES INÉDITS ET DES RECHERCHES NOUVELLES

SUIVIE D'UN

APPENDICE SUR LE VIEUX CAUTERETS, SES THERMES
ET LEURS TRANSFORMATIONS

PAR

Félix FRANK

Membre de la Société d'Histoire littéraire de la France.

TOULOUSE	PARIS
IMPRIMERIE ET LIBRAIRIE	LIBRAIRIE HISTORIQUE DES PROVINCES
ÉDOUARD PRIVAT	ÉMILE LECHEVALIER
45, rue des Tourneurs, 45.	39, quai des Grands-Augustins, 39

1897

Etude extraite de la REVUE DES PYRÉNÉES. — *Tome VIII,
et augmentée ici d'un Appendice.*

DERNIER VOYAGE DE LA REINE DE NAVARRE
MARGUERITE D'ANGOULÊME
SŒUR DE FRANÇOIS Ier
AVEC SA FILLE JEANNE D'ALBRET
AUX BAINS DE CAUTERETS (1549)

ÉPITRES EN VERS INCONNUES
DES HISTORIENS DE CES DEUX PRINCESSES ET DES ÉDITEURS DE LEURS ŒUVRES

ÉTUDE CRITIQUE ET HISTORIQUE

I.

Trois documents d'importance, complétant la série des *Epîtres* rimées contenues dans le récent volume de M. Abel Lefranc[1], vont me permettre d'établir un fait absolument ignoré : c'est que la *Marguerite des Princesses* accomplit, bien peu de mois avant sa mort, un dernier voyage aux montagnes & aux bains de Cauterets, dans le printemps & l'été de 1549, & que sa fille Jeanne d'Albret, épousée par le duc de Vendôme, Antoine de Bourbon, le 20 Octobre 1548, y passa quelque temps avec elle, puis l'y laissa terminer la cure commencée, elle-même étant rappelée alors par son mari, qu'il lui fut toutefois impossible — en raison de circonstances imprévues — de rejoindre aussitôt, ainsi qu'il ressort de la suite des lettres échangées par nos personnages.

Le voyage de Cauterets & la séparation subséquente des

---

1. *Les dernières poésies de Marguerite de Navarre*, publication de la Soc. d'hist. littéraire de la France. (Paris. A. Colin, 1896, in-8°.)

deux princesses motivèrent la correspondance en vers *rééditée* partiellement par M. A. Lefranc, d'après un manuscrit de la Bibliothèque nationale (fonds français, 24,298). Mais, tout en usant, pour certaines corrections, d'un autre manuscrit (même fonds, 883), il n'y recueillit pas *trois* Epîtres des plus intéressantes, qui nous révèlent, par des mentions caractéristiques, le lieu & la date de cette réunion passagère entre la mère & la fille.

J'ai dit plus haut : « la correspondance en vers *rééditée*... » par M. A. Lefranc, ce qui est en contradiction avec l'assertion du titre : *Dernières poésies... publiées pour la première fois*, & ces lignes de l'Introduction : « *dix* Epîtres en vers, dont trois de Jeanne d'Albret... tel est *l'appoint inattendu* fourni par le manuscrit qui vient d'être retrouvé. » A quoi il faut ajouter la note de la page VII : « Les trois Epîtres de Jeanne d'Albret sont *également inédites*. Ces curieuses compositions ne figurent pas dans les *Mémoires & Poésies de Jeanne d'Albret*, publiés par M. de Ruble. » — Oui, sans doute; mais, *dès* 1883, le manuscrit 883 était exploré par un chercheur, M. Edouard Frémy, qui se méprit assurément sur un point capital — celui de l'attribution des Epîtres au véritable auteur, — mais n'en offrit pas moins au public le texte de sept de ces Epîtres (II, VI & VIII de l'édition A. Lefranc, plus une, la principale, omise par celui-ci). Comment donc le travail & les citations de M. Ed. Frémy, dont l'apparition sous ce titre : *Les Poésies inédites de Catherine de Médicis* (*Correspondant* des 10 & 25 Mars, 10 & 25 Mai 1883) souleva force protestations, notamment de la part de MM. Baguenault de Puchesse & B. de La Grèze[1], ont-ils échappé si totalement aux fouilles érudites de M. A. Lefranc, qu'il ait eu besoin de M. Emile Picot pour lui signaler ce « second manuscrit (883) dont les variantes *lui* ont été d'un précieux secours », & qu'en outre il n'y ait pas rencontré l'Epître la plus décisive, diversement commentée par MM. Ed. Frémy & Baguenault de Puchesse[2] ?

1. Voir ci-après les objections de ces deux critiques.
2. Le travail de M. Ed. Frémy reparut en librairie chez Techener (1885, in-12).

Pour comble de singularité, M. Frémy lui-même avait négligé — outre l'Epître de Marguerite au roi Henri II (1ʳᵉ de l'édition A. Lefranc), étrangère naturellement aux prétendues *Poésies de Catherine de Médicis*, — une Epître de Jeanne d'Albret, souhaitant le proche retour de sa mère, & une Epître d'un personnage de la Cour de Pau, s'enquérant ensuite d'un incendie où faillirent être endommagés les « tendres piedz *de l'honneste princesse* », — évidemment ceux de Jeanne d'Albret, toujours dénommée « *Princesse* », tandis que sa mère est invariablement « *la Royne* ».

En résumé, le manuscrit 883 renferme *dix* Epîtres formant groupe; si l'on en retranche les *trois* précédentes, il en reste *sept*, dont *six* furent accordées généreusement par M. Ed. Frémy au talent poétique supposé de Catherine de Médicis, & que M. A. Lefranc, les retrouvant dans le manuscrit 24,298 sous la rubrique exacte de « la Royne de Navarre », & de « Madame la Princesse », — avec l'*Epître à Henri II* & trois pièces absentes du manuscrit 883[1], plaça en tête de son volume. Le vrai service rendu par M. A Lefranc est donc, indépendamment de la publication de ces trois dernières pièces, *seules inédites* dans la série donnée par lui, d'avoir fixé, grâce au manuscrit 24,298, l'origine réelle de la série entière; ce qui, par contre-coup, rend incontestable celle des trois premières Epîtres du manuscrit 883, & confirme, à l'égard de ces textes, les conclusions où j'étais arrivé jadis & dont j'avais entretenu mon éminent ami M. Tamizey de Larroque & M. le Dʳ E. Duhourcau, de Cauterets.

Ces conclusions, j'en réservais l'exposé pour un travail spécial sur les séjours de la reine de Navarre aux Pyrénées, entamé en 1884-1885[2], puis suspendu longtemps par d'autres

---

1. Epître VII de M. A Lefranc : « *Madame à la Royne* » :
« Amour ne peult, selon son naturel, &c. »
Ep. IX : « *A madame L'abbesse de Frontevault.* »
Ep. X : « *Au prothenoter d'Arte, Abbé de sainct Sever.* »
J'ai suivi l'orthographe du msc. 24, 298.

2. Voir : « *La reine de Navarre, Marguerite d'Angoulême, sœur de François Iᵉʳ, aux Pyrénées & aux Eaux de Cauterets* », dans la Rev. médicale & scientif. d'hydrologie & de climatologie pyrénéennes, dirigée par les

besognes absorbantes. Aux chapitres de cette *Etude d'histoire pyrénéenne,* je projetai plus tard d'ajouter la substance de mes diverses Notices antérieures sur la reine de Navarre[1] & ce qu'il pouvait y avoir de neuf dans mes recherches ultérieures. De ce résumé synthétique, historique & littéraire, je veux détacher ici quelques pages suggestives, avec l'apport de deux textes *entièrement inédits* & d'un troisième que je nommerai l'*Epître de Cauterets,* la plus documentaire de toutes, interprétée, avec le surplus, de façon si erronée par M. Ed. Frémy.

C'est au sujet de ladite Epître que M. le Dr Duhourcau, dont je devins en 1884 l'ami & le collaborateur, pour sa *Revue... d'hydrologie & de climatologie pyrénéennes,* m'écrivait, le 5 Avril 1886, à propos de son étude : « *Une ancienne coutume balnéaire de Cauterets. — Les Frétayrés* »[2], — & d'une mention *ad hoc* de M. B. de La Grèze dans un livre nouveau[3] : « L'auteur s'y occupe aussi de la poésie que j'ai éditée dans le *Journal de Cauterets* & le *Souvenir de la Bigorre,* attribuée par M. Ed. Frémy à Catherine de Médicis; & M. B. de La Grèze, s'appuyant sur l'autorité de M. Tamizey de Larroque, conteste l'authenticité de cette pièce[4] par diverses raisons. Cela m'a rappelé que vous m'aviez promis des éclaircissements à ce sujet & même un autre article pour le *Souvenir de la Bigorre* où vous discuteriez l'origine de ces lettres en vers publiées par M. Ed. Frémy. » En effet, dans l'été de 1884, ayant reçu l'hospitalité

Drs F. Garrigou & Duhourcau (10 & 25 Sept. 1884), & dans le *Souvenir de la Bigorre* (Novemb. & Déc. 1884, Janvier & Février 1885).

1. Voir mes édit. critiq. des *Marguerites de la Marguerite des Princesses* (D. Jouaust, 1873, 4 vol.); — de l'*Heptaméron* (I. Liseux, 1879-1880, 3 vol.; ouvr. couronné par l'Académie française), — & des *Comptes du monde adventureux,* par A. D. S. D., un des familiers de la reine Marguerite (A. Lemerre, 1878, 2. vol.).

2. Avec le texte d'un curieux poème local du seizième siècle, en vers français, du poète-charron Auger Gaillard. (Pau, Cazaux, 1886, broch. in-8°.)

3. *La Société & les Mœurs en Béarn.* (Même éditeur, 1886, in-18.) — Voir plus loin le passage de ce livre qui nous intéresse.

4. C'est trop dire : M. Tamizey de Larroque ne contestait, avec moi, que *l'authenticité de l'attribution,* d'après des annotations & des interpolations téméraires.

de M. Tamizey de Larroque, j'avais examiné la question avec lui, & nous avions porté déjà, sur ce point, un jugement identique. Depuis lors, chaque détail de l'*Epître de Cauterets*, & de celles qui l'encadrent, me prouva qu'en écartant de l'attribution de ces textes la personnalité de Catherine de Médicis, pour adopter celle de la reine Marguerite, je ne m'égarais pas. On verra combien les trois pièces transcrites ci-après achèvent d'éclairer l'ensemble de la correspondance.

Ainsi, faute de ce surcroît de lumière, M. A. Lefranc s'est trompé sur la date & les circonstances auxquelles se rapportent les Epîtres des deux princesses : « Nous possédons sûrement, dit-il, dans ces sept pièces, la correspondance échangée entre Marguerite & Jeanne, *vers la fin d'octobre* 1548, *aussitôt après leur séparation, lorsque la jeune duchesse partit pour Vendôme avec son époux*[1]. » Il n'en est rien. Lorsque, le 24 Octobre 1548, Marguerite quitta Moulins, quatre jours après les noces de sa fille qui la désolaient si fort, pour rejoindre le jeune couple à Vendôme, le 13 Novembre, & prendre part aux réjouissances de famille, avant de s'en aller dans ses Etats du Midi avec Henri d'Albret & les mariés, le temps n'était pas revenu des effusions affectueuses remplissant les Epîtres versifiées. Le roi de Navarre, intimidé & gagné par le roi de France Henri II, avait abdiqué toute opposition au mariage, en se retournant contre sa femme; Jeanne était plus que froide pour sa mère, qui contrariait ses sentiments; la reine Marguerite ne semblait pas encore avoir pris son parti du gendre qu'on lui infligeait[2]. D'ailleurs, si M. A. Lefranc eût connu l'*Epître de Cauterets* & la précédente, il y eût vu

---

1. Ouvr. cité, *Introd.*, pp. XLIV, XLV.
2. Voir les lettres de Henri II citées par le comte H. de La Ferrière-Percy, dans l'ouvrage intitulé : « *Marguerite d'Angoulême... son livre de dépenses* (1540-1549) — *Etude sur ses dernières années*. » (Paris, Aubry, 1862, in-18), p. 127 : « Il est vray que ma bonne tante & son mary se veulent le plus grand mal du monde ; elle n'aime déjà guères son beau-fils »; — pp. 128, 129 : « La reine de Navarre est *le plus mal qu'il est possible avec son mary pour l'amour de sa fille, laquelle ne tient compte de sa mère*. Vous ne vistes jamais tant pleurer que a faict ma tante au partir, & si il n'eust esté moy, *elle ne fut jamais retournée avec son mary*. »

comme on y parlait de *gave* profond & de hautes *montagnes* où l'on ne revint qu'en 1549.

II.

Je reproduirai fidèlement, après avoir relaté les causes de l'erreur de M. Ed Frémy, chacune des trois Épîtres complémentaires de la série publiée par M. A. Lefranc, avec mes commentaires & dans l'ordre du manuscrit 883, qui est l'ordre chronologique.

Ce manuscrit[1] n'est qu'un pêle-mêle de morceaux d'origines & de matières si distinctes, parfois si dénués de titres, de noms d'auteurs, ou flanqués de surcharges si suspectes, qu'on se sentirait débuté si l'on n'avait le souvenir de telle pièce célèbre ou si les textes, au moyen d'analyses, de rapprochements & de confrontations avec d'autres pièces, ne finissaient par s'élucider. Le collecteur de ces poésies hétérogènes, ayant fait évidemment le recueil pour son usage personnel, ne s'était pas mis en peine d'en marquer la provenance & les auteurs : négligence fréquente dans ces *excerpta* ou *chrestomathies* du temps jadis.

Le titre est trompeur : « *Jean de la Maisonneuve. — Louanges de Charles IX.* » Paulin Paris le développe comme suit : « *Poésies de Ronsart, de la reine de Navarre, de Catherine de Médicis, d'Elisabeth de France, reine d'Espagne, de Jean de la Maisonneuve*, etc. » Sur la feuille de garde on lit, d'une écriture grosse & ancienne :

« Le Seigneur par sa bonté
« Me conserve en prospérité. »

& d'une écriture plus petite : « *Jean de la Maisonneufve*[2]. »

---

1. Coté autrefois sous le double numéro 7,237-885, & décrit avec cette référence par Paulin Paris, dans son recueil analytique : « *Les Manuscrits français de la Bibliothèque du Roi* », t. VII. (Paris, Techener, 1848, 7 vol. in-8º.)

2. Poète du Berry, contemporain de Henri II, François II & Charles IX, dont le nom de famille était Jean d'Aubusson. — Pour

Effectivement, la première pièce [1] : *Louanges du Roy Charlles neufiesme... Les quatre helemans* » (Louanges du roi Charles IX au nom des quatre éléments) est de lui, & de lui également la fin du manuscrit (f°s 70-93), selon la mention de Paulin Paris. Mais, au folio 2, l'« *Elegie sur le despart de la reyne Marye* » (Marie Stuart) est de Ronsard [2] & fut imprimée dans ses œuvres. Les pièces variées du folio 2 au folio 11 & du folio 50 au folio 69 semblent de plusieurs auteurs [3], & j'estime

l'indication de ses poésies imprimées, voir les *Bibliothèques françoises* de Du Verdier, t. II, p. 456, au mot : *Jean de la Maison neufve* & La Croix du Maine, t. Ier, pp. 442, 443, au mot : *Jean d'Aubusson*, ainsi que le *Manuel* de Brunet, au mot : *Aubusson (Jean d')*. — Quelques-uns ont pris pour lui le poète Héroet, dit de la *Maison-neuve*, bien que celui-ci eût le prénom d'*Antoine*, & que La Monnoye eût écrit en note de l'article *Ant. Héroet* (La Croix du Maine, t. Ier, pp. 40, 41) : « ... il ne faut pas le confondre avec les deux auteurs contemporains de même nom, *Etienne de la Maison-neufve* & *Jean de la Maison-neufve*, dont le nom de famille était *d'Aubusson*. »

1. D'une écriture plus grosse et d'une orthographe plus bizarre que la suite du *msc*.

2. Jean de la Maisonneuve avait composé aussi : « *L'Adieu des neuf Muses aux Rois, Princes & Princesses de France à leur departement du Festin nuptial de François de Valois, Roi Dauphin, & Marie d'Estuart, Roine d'Ecosse* », impr. à Paris par Martin L'Homme, 1558, ce qui expliquerait la présence dans ce recueil du poème de Ronsard en l'honneur de la même reine. En outre, la qualité de « Berruyer » de J. de la Maisonneuve donnerait la raison de la copie de tant de pièces de la reine de Navarre, *duchesse de Berry*.

3. Ainsi, divers *Adieux*, *Pasquils* & *Chansons*, dénotent des époques & des inspirations différentes. Quelques-unes de ces chansons ont pour auteur Maurice Scève, un des familiers de la reine Marguerite, qui la loue en deux sonnets d'un style précieux, pièces liminaires des *Marguerites de la Marguerite* & de leur *Suyte*. Ici, il signe de la devise « *Rien de seur* » & de son nom abrégé « *Mice de Seve* » les vers :

« Souventes foys en ces lieux... » (f° 6).

de son nom seul les couplets :

« Qui pourra dire la douleur... » (f° 8).

& de la même devise, la chansonnette :

« Amour va comme le vent. » (f° 8).

Rien de seur est tiré, par anagramme, de : *Dernier Seve*.

que, du folio 12 au folio 49, les *Épîtres* & la plupart des pièces intercalaires sont de la reine de Navarre ou de sa fille Jeanne d'Albret : ce dont la preuve est faite pour les sept Epîtres[1] des folios 32-37 & 47 (figurant en double dans le manuscrit 24,298 des poésies de la reine de Navarre) & ce que je vais démontrer également pour l'*Épître de Cauterets*, etc., malgré les assertions contraires de M. Ed. Frémy & de son guide[2].

Rejetant bien loin la thèse, soutenue par M. Ed. Frémy, en faveur de la fiction *Catherine de Médicis, — Elisabeth, — Philippe II*, d'après quelques brèves annotations de Paulin Paris, M. Baguenault de Puchesse, dans un article des plus vifs[3], s'écriait : « Où le savant chartiste a-t-il puisé ce renseignement? Sans doute dans un précédent catalogue, dans une indication fournie par les possesseurs antérieurs du manuscrit. Au demeurant, il ne s'engage pas d'une façon absolue, & il n'attache pas plus d'importance à cette dénomination qu'à celle de milliers de volumes manuscrits qu'il s'est donné la tâche de cataloguer. » Rien de plus juste. Mais le commentateur se risquait davantage. Citant l'Épître du folio 32 : « La Royne à Madame *Isabel*, raine[4] *d'Espagne* », il ajoutait : « Ces derniers mots sont *de la propre main de Catherine de Médicis* »; d'où l'entraînement de M. Ed. Frémy. Là-dessus, riposte de M. B. de Puchesse : « Nous avons examiné les trois mots sans parti pris; nous les avons fait voir à d'habiles paléographes. Il est évident qu'ils sont d'une autre écriture que le texte, mais jamais Catherine n'a pu les écrire. Il existe à la Bibliothèque nationale nombre de lettres autographes de Catherine; on

---

1. Ep. I-VI & VIII de l'édit. A. Lefranc.
2. L'« *Epistre de la Royne de Navarre au Roy* » est seule reconnue, forcément, par P. Paris (*ouv. cité*, analyse du msc. 7237-885 ou 883 actuel) comme l'œuvre de cette reine, en réponse à la lettre de consolation reçue du roi de France Henri II touchant la mort de François Ier. Toutes les autres sont signalées par lui comme étant de Catherine de Médicis ou d'Elisabeth, sa fille, qui auraient tâché d'attirer Philippe II aux bains de Cauterets, auprès d'elles !
3. *Les prétendues poésies de Cath. de Médicis* (*Rev. des questions historiq.*, 1er Juillet 1883).
4. *Sic* dans le msc. — P. Paris corrige *roine*.

connaît sa grande écriture incorrecte & lâchée... », & il concluait que ces trois mots « n'ont rien de commun avec la *propre main* de la reine mère. » Il avait grandement raison, comme l'atteste l'existence de cette pièce parmi les poésies intimes de la reine de Navarre (msc. 24,298). Un détail révélait, d'autre part, la grossièreté de l'interpolation. L'Épître en question n'avait d'abord que ce titre : « *La Royne à Madame* »; plus tard, une main étrangère au manuscrit primitif avait libellé ceci : « *Isabel raine d'Espagne* »; or partout, & jusque dans le titre de la pièce, l'orthographe ancienne était *royne*. Disons toutefois, pour la décharge des deux partisans de Catherine de Médicis, qu'une pareille mention eut de quoi les induire en erreur, d'autant que les poésies voisines, de J. de la Maisonneuve & de Ronsard, étaient contemporaines de François II, de Charles IX & de la régence de leur mère [1].

L'*Épître de Cauterets* fut donc reproduite par le Dr Duhourcau dans le *Souvenir de Bigorre* (Juillet 1883) sous la rubrique : *Une page peu connue de l'histoire de Cauterets*, comme la révélation du séjour qu'aurait fait à Cauterets Catherine avec sa fille Élisabeth, & peut-être avec Charles IX. La stérilité de la reine d'Espagne, datant de plus de six années, aurait cessé après la cure des Eaux thermales. « Ces détails, dit M. B. de La Grèze [2], m'avaient fort intéressé; je désirais ajouter foi à l'authenticité de la pièce garantie par M. Frémy & M. Duhourcau; mais cette authenticité est contestée par M. Tamizey de Larroque, correspondant de l'Institut, & je me range à son opinion. Voici les motifs que l'on a de douter de l'origine des poésies attribuées à Catherine de Médicis par M. Frémy :

« 1° Le manuscrit de la Bibliothèque nationale qui renferme les prétendus vers de Catherine n'est qu'une copie

---

1. De plus, le *msc.* 883 contient une petite pièce de circonstance : « *Adieus de Madame de Crussol* » (f° 4) où Catherine semblerait parler; mais, dans un *Pasquil de Cour* (f° 66) on fait parler « la royne Alienor », femme de François 1er, avec « Madame Marguerite » (de France), « le roy » & « la royne de Navarre », ce qui est d'une date plus reculée.

2. *La Société & les Mœurs en Béarn*, ouv. cité, pp. 216, 217.

du dix-huitième siècle, tout au plus de la fin du dix-septième[1];

2° L'écriture si caractéristique de Catherine ne ressemble nullement à l'écriture de quelques mots mis en tête de la copie d'une de ces pièces[2];

3° Aucun des contemporains de Catherine ne lui a attribué le moindre vers français, &c... La reine n'a jamais assez bien connu notre langue pour composer des poésies, même médiocres[3].

4° Enfin & surtout, on peut opposer à l'argumentation de M. Frémy l'irrésistible argumentation de l'*alibi*; car il est question, dans ces poésies[4], d'un prétendu séjour de la reine & de sa fille, « la royne d'Espagne », aux Eaux des Pyrénées, & ce séjour est démenti par les dates des correspondances royales, par les *Itinéraires des rois de France*, &c... »

« Jamais, dit catégoriquement M. B. de Puchesse, Catherine & sa fille Élisabeth n'ont été séjourner aux Eaux de Cauterets. Dans cette année 1565, tous leurs jours sont comptés, & nous pouvons sans peine en rétablir minutieusement l'emploi. Il suffit de se reporter à deux documents... : le *Voyage de Charles IX en France*, d'Abel Jouan, & l'*Itinéraire des rois de France*[5]. »

---

1. Ceci est excessif; les anciens catalogues portent : « XVIe siècle », & l'inscription du nom : *Jean de la Maisonneufve* sur la garde du msc. paraît confirmer ce dire. — Je pense que le msc. est de la fin du XVIe siècle. — Ce n'est pas l'authenticité du msc., c'est l'authenticité de l'interpolation, signalée plus haut, qu'il faut rejeter.

2. C'est, en substance, l'argument de M. B. de Puchesse.

3. Autre argument développé par le même critique & fondé en fait.

4. Il ne faut pas dire : « *dans ces poésies* », mais : « *dans le commentaire de ces poésies* »; sous cette réserve, l'*alibi* invoqué par M. B. de la Grèze &, avant lui, par M. B. de Puchesse, est décisif, comme on le constatera plus loin.

5. Documents reproduits dans le tome Ier des *Pièces fugitives pour servir à l'Histoire de France*, du marquis d'Aubaïs (1759, in-4°). — Voir aussi : *Variétés bordelaises* de l'abbé Baurein (nouv. édit., par G. Méran & le marquis de Castelnau d'Essenault. Bordeaux, Féret, 1876, gr. in-8°), contenant des extraits du recueil d'Abel Jouan & un exposé de l'abbé Baurein sur l'*Entrée solennelle du Roy Charles IX dans Bordeaux*. Le recueil original d'Abel Jouan porte ce titre : *Recueil & discours du*

La pseudo-réunion de Catherine de Médicis & d'Elisabeth aux bains de Cauterets est placée par M. Ed. Frémy vers le moment de la fameuse *entrevue de Bayonne* (Juin 1565). Or, *l'Épître de Cauterets* fut écrite *le jour de l'Ascension*. Ce jour, en 1565, venait au 1ᵉʳ Juin, & la veille, Catherine conférait *dans Bayonne* avec l'envoyé d'Espagne, Alava; elle y fêtait l'*Ascension* dans la cathédrale; puis, le 3 Juin, avait lieu l'entrée solennelle du roi & de la Cour (Charles IX était arrivé *incognito* dès le 29 Mai au soir); enfin, le 8 Juin, Alava recevait des lettres où Philippe II l'instruisait de sa résolution arrêtée de ne point se rendre aux conférences de Bayonne[1]. Voilà qui tranche net l'hypothèse, outre les preuves surabondantes qui suivront.

D'accord là-dessus avec MM. B. de Puchesse & B. de La Grèze au point de vue négatif, j'adoptais de plus qu'eux, avec M. Tamizey de Larroque, la thèse du séjour à Cauterets de Marguerite de Navarre & de sa fille Jeanne, celle-ci séparée momentanément de sa mère en Mai 1549 & d'Antoine de Bourbon en Mai, Juin & Juillet. — On verra ce qui m'y incitait[2].

voyage du Roy Charles IX... ès années Mil cinq cens soixante quatre & soixante cinq... Faict & recueilly par Abel Jouan, l'un des serviteurs de Sa Majesté. » (Paris, J. Bonfons, 1566, petit in-8°).

1. Voir le comte H. de La Ferrière : « L'entrevue de Bayonne » (Rev. des quest. historiq., 1ᵉʳ Octobre 1883). — Abel Jouan : ouvr. cité.

2. M. B. de Puchesse, qui avait si fort bataillé, en 1883, au sujet des Epîtres du msc. 883 et de leur attribution à Catherine de Médicis par M. Ed. Frémy, n'en sonne plus mot dans l'article du *Journal des Débats* (13 Juin 1896) où il apprécie sous ce titre : « *La reine de Navarre & ses dernières poésies* » le volume de M. A. Lefranc. Comme l'*Epître de Cauterets* y manque, j'imagine qu'il aura lu un peu distraitement les autres & ne les aura pas reconnues là. Mais n'est-il pas étrange que la publication de M. Ed. Frémy n'ait, à cette occasion, été rappelée ni par M. A. Lefranc, ni par M. B. de Puchesse, ni par quelque autre critique?

III.

Le roman de Catherine de Médicis *poète* aux Pyrénées commence avec l'« *Epistre* » sans titre du folio 12, présentée par Paulin Paris comme « adressée à la reine Catherine de Médicis par sa fille Elisabeth, *avant son mariage avec le roi d'Espagne.* » Rien dans le manuscrit ne justifie l'allégation. Voici le texte; il suffit de lire en regard les passages analogues des trois Épîtres imprimées de Jeanne d'Albret, que je relève en note ci-dessous, pour se convaincre que celle-ci est également d'elle.

« EPISTRE » I[1].

(De la Princesse séparée de la Reine).

« Sy mon espoir tropt plain de hardiesse
A entreprins non obstant sa rudesse
Vous envoyer *ceste longue escripture*[2],
Vous en feres, Madame, la lecture
En excusant ce que *le grand plaisir*[3]
M'a faict commectre & *aussi le desir*
De vous monstrer *que vostre longue absence
M'avoit osté toute la souvenance
De plus rymer*[4]. Mais maintenant je veoy
Vostre retour si brusq, & l'apperceoy,

1. Ordre du msc. 883. — Manque chez M. A. Lefranc, comme chez M. Ed. Frémy.
2. Cf. Ep. IV (Edit. A. Lefranc) :

« Or, craignant trop *que ma longue escripture* »

3. Plus bas, les rimes *plaisir* & *désir* reviennent. — Cf. Ep. III (Edit. A. Lefranc) :

« . . . . . . la joye & *le playsir*
« . . . . . de mon *parfaict desir.* »

4. Cf. Ep. III (édit. A. Lefranc) :

« Là où la main me servira de langue
*Pour declairer la douleur trop amère
Que sent la fille à l'adieu de la mère,
Perdant du tout de parler la puissance...* »

Que je diray adieu à tous les maulx
Et deplaisirs, *pleurs, soupirs et travaulx*
Qui ont tropt faict leur habitation
Dedans mon cueur, sans consolation[1].
Maintenant veulx ma muse recognoistre,
Vous declairant *comme je sens acroistre*
De jour en jour l'esperance receue
Depuis ung peu de vostre heureuze veue.
Je me tairay de dire le plaisir
Que je reçoy & aussi le desir
Que ce soit tost[2]. Mais j'appelle à tesmoings
Tous voz desirs, dont n'en avons pas moings[3].
Ainsi le croy que moy[4], veu l'amytié
Dont m'honnorez, puisqu'avés prins pitié
Du mal passé, de l'ennuy & torment.
Recevez donc du mien contentement[5]
Tout le plaisir, &, attendant le temps
Que noz deux cueurs seront heureux contans,
Souvienne-vous de me garder la place
Qui m'est si chaire en vostre bonne grace,
Vous assurant que si par bien servir

1. Cf. *Ibid.* :

   « *De pleurs tout prestz des yeulx dehors sortir*
   A quoy, helas, je n'osay consentir,
   Craignant de vous la desolation,
   Disant l'adieu de separation. »

2. Cf. Ep. III (édit. A. Lefranc) :

   « . . . . *de ce martire*
   Qui durera, sans prendre fin ne cesse,
   Jusques à tant que je reprenne adresse
   Pour retourner vers vous en dilligence,
   Lors, obliant la trop fascheuse absence
   Je recepvray la joye & le plaisir
   Et joyray de mon parfaict desir
   . . . .
   Ayant toujours de vous revoir envie. »

3. C'est-à-dire : tous vos désirs de réunion, dont nous vous offrons l'équivalent, nous qui sommes restés ici (à Pau).

4. Phrase entortillée qui signifie : Je le crois *ainsi* (ce désir émanant de vous), comme je m'en crois moi-même, comme j'en crois le mien.

5. Cf. Ep. VII (édit. A. Lefranc) :

   « . . . . . . *ung bon contentement*
   Faict oblier cent mil ans de torment. »

> *Et obeyr, le pouvois desservir,*
> *Si dieu me vouloit donner le pouvoir*
> *Equipolent à mon si bon voloir,*
> *Vous cognoistriez que selon ma parolle*
> *De si bon cueur voldrois jouer ce rolle,*
> *Que j'en aurois louange non petite,*
> *Et vous diries estre grand mon merite.*
> *Mais rien ne puys, dont avez l'evangille*[1] *:*
> *Je me diray la servante subtille*
> *Tenant mon bien de vous & tout mon heur ;*
> *Vous me feres, Madame, cest honneur*
> *De me tenir, & je seray contante*[2]*.*
> *A tout jamais la plus hobeyssante*
> *Fille qui feust au mond* & sçauroit estre,*
> *Ayant espoir le vous fere cognoistre*[3]*. »*

Je crois la démonstration éclatante. Le vocabulaire de Jeanne d'Albret est si restreint, le cercle de ses idées — en face de sa mère — si borné, sa versification si novice, que non seulement elle emprunte le plus possible les termes de la reine, mais se copie & se répète elle-même avec une gaucherie d'écolière qui la trahit d'emblée. On sent dans ce verbiage la gêne qui, en dépit des protestations affectueuses de sa part,

---

1. C'est-à-dire : Mais *je ne puis rien* pour égaler mon mérite à mes souhaits : ce dont vous avez la *nouvelle certaine* (ma *parole d'évangile*), & ce dont je vous fais la déclaration très humble.

2. Cf. sur ces quinze vers l'Ep. III (édit. A. Lefranc) :

> « *Je ne vous puis, Madame, rien offrir ;*
> *Je suis à vous & en vostre puissance,*
> *Asseurez vous que ceste obeissance*
> *Que je vous doibz, si bien observeray*
> *Que mon debvoir en cela je feray,*
> *Vous suppliant très humblement, Madame,*
> . . . .
> *M'entretenir en vostre bonne grace ;*
> *Car, m'asseurant y avoir bonne place,*
> *Malheur ny mal je ne puis recepvoir.* »

3. Cf. Ep. IV (édit. A. Lefranc) :

> « *Je vous suplie estre de moy contente*
> *Et me tenir la plus obeissante*
> *Fille qui fut & qui jamais sera,*
> *Tant en ce corps l'ame demeurera.*

Quelle similitude frappante d'expressions & de rimes !

existe toujours entre elle & sa mère, & qui rarement se détend
en grâce juvénile, plus communément se traduit en humilité
excessive. C'est vraiment, selon sa formule, un « debvoir »
dont elle s'acquitte. Aussi les rimes & les mots, & les tours de
phrase semblables ne cessent-ils de revenir, tels que des refrains, comme si elle était généralement incapable d'autre
chose que de tourner & retourner ce thème de regret banal &
d'obligatoire déférence, traité avec effort. Nous sommes loin
des vers élégants que, plus tard, elle fera pour Joachim du
Bellay[1]. Rien qu'une fois, l'enjouement, l'intérêt sincère,
percent le masque de raideur, & Jeanne abandonne pour un
peu d'élan sa respectueuse tirade habituelle :

« On dict souvent qu'après temps pluvieux
Le cler soleil se monstre en sa beaulté, &c.[2].

Ainsi, l'Epître est bien de Jeanne d'Albret, & sa mère en
est la destinataire; mais *où sont-elles* l'une & l'autre, & *vers
quel moment* Jeanne se plaint-elle de l'absence de la reine,
dont elle espère le retour?

L'Epître II, ci-après, nous montrera « l'honneste » Princesse *dans les montagnes*, & l'Epître III nous la fera voir aux
Eaux de Cauterets avec sa mère, ce qui précise l'indication
des montagnes de l'Epître II. Or, comme, au témoignage de
l'Epître I ci-dessus, la mère & la fille sont séparées, la seconde
attendant le retour de la première, c'est que la reine Marguerite, déjà installée *à Cauterets*, avait promis d'en revenir bientôt, & que Jeanne l'en remerciait par ces vers écrits *de Pau*[3].

Pour l'époque de cette absence de la reine, j'assigne le courant de Mai 1549, alors que Jeanne, mariée récemment, habitait le château de Pau en compagnie de son père Henri d'Albret & de son époux Antoine de Bourbon[4].

Le ton soumis de l'Epître précédente aurait de quoi étonner

---

1. Voir *Œuvr. franc. de J. du Bellay*; édit. Marty-Laveaux, t. I
(Paris, Lemerre, 1867), & *Mémoires & Poésies de Jeanne d'Albret*, publ.
par le baron de Ruble (Paris, Paul, Huart & Guillemin, 1893).
2. Voir Ep. VIII (édit. A. Lefranc).
3. Voir plus loin ce que j'en dis, ch. IV & V.
4. Voir les détails de ce séjour en Béarn, ch. IV.

dans la bouche d'une princesse émancipée par le mariage, si nous ne savions, par ses trois autres Epîtres publiées, qu'elle ne s'en départit jamais envers sa mère. Dans l'Epître III de l'édition A. Lefranc, juste au-dessous des infinis respects & des assurances presque enfantines d'*obéissance*[1], elle dira :

> « Me promectant l'agréable plaisance
> « Et le plaisir *de reveoir ung mary*. »

IV.

Il résulte de la succession logique de ces Epîtres que chacune d'elles marque une étape de la même saison. Or, on le verra par l'examen de l'*Epître de Cauterets*, la date qu'elle comporte est celle du 31 Mai (1549), chose non surprenante, Marguerite admettant pour les bains de Cauterets les deux saisons de *Mai-Juin* & d'*Août-Septembre*[2].

N'oublions pas que les noces de notre jeune princesse eurent lieu le 20 Octobre 1548, à Moulins; que le mois de Novembre s'écoula en réjouissances de famille à Vendôme; qu'en Décembre, la reine Marguerite & Jeanne visitèrent la Touraine; qu'au 16 Janvier 1549, elles n'avaient point dépassé Castel-Jaloux, mais *qu'au milieu de Mars*, la reine, le roi de Navarre & les nouveaux époux étaient au château de Pau[3]. La reine Marguerite dit en son *Heptaméron* (Nouvelle LXVI) : « L'année que M. *de Vendosme espousa la princesse de Navarre, après avoir festoyé à Vendosme, les roy & royne, leur père & mère, s'en allèrent en Guyenne avecq eulx*. » (1548, v. st. ou début de 1549.) — Le *Mai-Juin* de la saison visée par nos Epîtres appartient donc à l'an 1549, & tout, dans les évènement de l'année, y concorde pour la famille de Navarre. M. de La Ferrière-Percy rapporte que la reine fut au château

---

1. Voir ci-dessus, p. 16.

2. Voir, au sujet de ces deux saisons & sur la pratique ancienne de ces bains, mon *Etude d'hist. pyrénéenne* précitée.

3. Voir le comte H. de La Ferrière-Percy : *ouvr. cité*, pp. 128-131. — Voir aussi baron A. de Ruble, *Antoine de Bourbon & Jeanne d'Albret* (Paris, Labitte, 1881, in-8°), t. I, p. 17.

de Pau « jusqu'au mois d'Août », & que le dernier ordre signé par elle est du 31 de ce mois; après quoi la vie mondaine cesse pour elle », car, « *depuis quelques mois sa santé allait s'affaiblissant* », & jusqu'au moment de sa mort, en Décembre, elle vit dans le recueillement & l'attente du dénouement fatal[1]. C'est dans l'intervalle du mois d'Avril au mois d'Août que se déroulent les menus faits de nos Epîtres. (Mai, Juin, Juillet.)

Jeanne d'Albret & le duc Antoine sont chaleureusement accueillis par les habitants du Béarn, où elle « n'avoit encores jamais esté[2] », & des autres pays de son père, qu'ils parcourent ensemble : « Antoine de Bourbon passa la fin de l'hiver *& le commencement du printemps* 1549 *en Béarn;* il visita Mont-de-Marsan, Pau, Navarreins... A la fin de Mars, il entra dans le pays basque... Il passa à Saint-Palays, à Bilache, à Bayonne, dans les terres du sire de Belzunce, maître d'hôtel d'Henri d'Albret. » Celui-ci négociait avec l'Espagne, par l'intermédiaire de l'évêque de Lescar; mais l'Espagne se méfiait « : L'incertitude de la marche de la Cour qui, dans sa promenade en Navarre, *ne prenait d'autre règle que la fantaisie des deux jeunes mariés*, augmentait les angoisses des capitaines impériaux[3]. »

Le 13 Mars, le roi de France dépêchait en Béarn Guy Chabot de Jarnac « pour convier le roi de Navarre & Antoine de Bourbon à assister à l'entrée solennelle qu'il devait faire à Paris au mois de Juin. » Il n'est pas question de la reine Marguerite, dont la santé empirait plutôt. — « Henri d'Albret s'excusa sur son âge & ses infirmités, mais Antoine de Bourbon accepta l'invitation. *Il retarda son voyage*, peut-être pour sur-

---

1. Comte H. de La Ferrière-Percy, *ibid.*, pp. 135-137.
2. *Hist. de Béarn & Navarre*, par Bordenave; édit. de la Soc. de l'hist. de France. (Paris, veuve J. Renouard, 1873, in-8°.) — Cf. baron A. de Ruble, *Le mariage de Jeanne d'Albret*. (Paris, A. Labitte, 1877, in-8°.)
3. Voir baron A. de Ruble, *Ant. de Bourbon et Jeanne d'Albret*, ouvr. cité, pp. 22, 23. — Entre ces pérégrinations, la famille revenait au château de Pau; c'est de là qu'Antoine écrit au maréchal Robert de la Mark, le 14 Mars, au duc d'Aumale, les 14 & 25 Mars. — Voir *Lettres d'Ant. de Bourbon & de Jehanne d'Albret*, publ. par le marquis de Rochambeau pour la Soc. de l'hist. de France. (Paris, J. Renouard, 1877, in-8°.)

veiller les négociations de son beau-père, *& ne se mit en route que vers le mois de Mai. Jeanne d'Albret demeura à Pau*[1]. »

Probablement Marguerite avait choisi le moment où Henri d'Albret, sa fille & son gendre étaient réunis, pour tenter sa cure coutumière de Cauterets. Ces déplacements *dans l'intérieur du pays* (Béarn ou Bigorre) n'étaient pas notés, le plus souvent, comptant pour simples excursions. On disait : *le séjour de Nérac, le séjour de Pau*, en sous-entendant les déplacements. Cela ressort bien d'un endroit du livre de M. B. de La Grèze[1] : *Le château de Pau*, au sujet de la reine Marguerite : « Souvent, pendant des mois entiers, il lui confiait les rênes de l'administration de sa petite souveraineté, pendant que ses affaires l'appelaient hors du pays *ou que les soins d'une santé délicate le retenaient dans ses chères montagnes de Cauterets* » dont il lui avait appris le chemin[2]. Ce qui était vrai d'Henri d'Albret, dès le principe, ne le fut pas moins de sa femme; & de plus d'un indice tiré de sa vie ou de ses œuvres, on peut induire sa présence aux bains de Cauterets — en dehors des constatations officielles, comme pour 1541 — vers la fin des étés de 1546 & de 1547, peut-être au printemps de 1548.

Pour la saison de 1541, nous avons des textes formels. Ce fut l'année du premier mariage, — non suivi d'effet, — de Jeanne d'Albret avec le duc de Clèves (14 Juin 1541). Marguerite écrit à François I*er*, *en Mars*, que le roi de Navarre, ayant fait une chute, « *à ce mois de may s'en va mettre aux baings de Cotteretz*[3]. » Une lettre inédite de la même au duc de Clèves, *vers le début d'Avril*, coïncide avec la première & l'avise que la reine de Navarre, sur l'ordre des médecins, ira passer le mois de *may* « aux baings naturelz qui sont en ce païs. » Les médecins espèrent qu'elle guérira du « caterre sus la mytié du corps » qui la contraint de rester au lit, &, dit-elle, « *y sera la fin de may prévoyée, que j'ay parachevé*

---

1. Voir baron A. de Ruble, *ibid.*, p. 24.
2. *Le Château de Pau & le Béarn*, 5ᵉ édit. (Pau, Cazaux; Paris, Marpon & Flammarion, in-18, p. 110.)
3. *Nouv. Lettr. de la reine de Navarre*, publ. par Génin (t. II, p. 189).

toutes leurs ordonnances[1]. » Dans une lettre de Mai, elle annonce pour cette fin de mois sa prochaine arrivée & celle du roi de Navarre à Châtellerault, où, le 9 Juin, les fêtes commençaient, lui & elle y assistant[2]. Un passage de la lettre du mois de Mars mérite réflexion. Parlant de son mari, Marguerite s'exprime ainsi : « Je me deslibère, après m'estre reposée ce Caresme, *d'aller avec luy pour le garder & faire pour luy ses affaires ; car tant que l'on est aux baings, il fault vivre comme ung enfant, sans nul soucy.* » Citant ces lignes, M. de La Ferrière-Percy[3] dit : « Il semble qu'elle s'était appliqué les conseils qu'elle-même donnait au roi de Navarre... *Le mois d'Avril n'a que des pages blanches* (au registre de J. de Frotté, son secrétaire). *A la fin de Mai, les écritures reprennent leur cours régulier.* » La saison de Cauterets interrompait donc la tenue de ce registre ; détail qu'il convient de retenir. La lettre de Marguerite exalte aussi, comme y reviendra plus tard le Prologue de l'*Heptaméron*, les vertus de ces bains, « où il se fait tous les jours *des choses merveilleuses.* » (*sic*). Ceci nous indique une *saison d'Avril-Mai* ; le Prologue de l'*Heptaméron*, une *saison de Septembre*, & j'ai noté, dans mon *Etude d'histoire pyrénéenne*, comment la reine de Navarre semblait préférer ces deux mois pour sa cure d'eaux (*printemps & fin d'été*). Mais la saison de *Mai* se prolongeait, selon le cas & les loisirs, en Juin & au delà, & celle de Septembre commençait en Août, surtout si l'on tient compte du temps employé au repos, en dehors du régime des bains, soit avant, soit après, soit, comme de nos jours, au milieu du traitement spécial.

Pour la saison de 1546, je l'ai déjà déterminée par la référence de telles dates historiques & de tels détails précis du Prologue de l'*Heptaméron*[4], d'où il appert que la *saison*

---

1. Baron A. de Ruble : *Le mariage de Jeanne d'Albret.* ouvr. cité. Pièces justific. IV. (Paris, A. Labitte, 1877).
2. Voir *ibid., passim.* — Le 13 Mai (voir p. 106), le roi de Navarre écrit de Saint-André près Bordeaux ; mais la reine était restée en arrière, apparemment pour terminer sa cure d'eaux.
3. *Ouvr. cité*, p. 35.
4. Voir mon édition de l'*Heptaméron* (Introd. p. LI, LII & LIV).

de Cauterets servant de cadre aux devis de la reine & de ses compagnons, & la rédaction du *Prologue*, ne sauraient être placées qu'entre le 7 Juin 1546 (date du traité d'Ardres-Guines, signé par François Ier avec Henri VIII) & le 31 Mars 1547 (date de la mort de François Ier). Il me suffira de rappeler qu'aux termes du Prologue, François Ier était vivant lorsqu'il fut écrit, & que « la paix *d'entre luy & le roy d'Angleterre* » marque la fin de la période d'empêchements continus (1542-1546) au dessein du nouveau *Décaméron*. Le Prologue spécifiant la *saison de Septembre*[1], celle-ci ne peut donc être, en l'espèce, que la saison de Septembre 1546, déduction qui s'appuie, en outre, de la date d'un édit d'Henri d'Albret : « Saint-Savin, 30 Août 1546[2]. » Or, Saint-Savin ne mène nulle part; ce n'est qu'un site pittoresque au pied des Pyrénées, contrefort brusque des montagnes naissantes, surgissant avec son abbaye légendaire[3] au-dessus de la route de Pierrefitte, d'où part la montée de Cauterets : halte pour les roi & reine de Navarre qui s'en allaient aux bains ou qui s'en retournaient de là vers Pau & vers Tarbes.

Pour la saison de 1547, un autre incident nous servira de guide, avec l'appui d'un texte curieux des *Marguerites de la Marguerite*, qui est une vraie page de journal intime :

---

1. « *Le premier jour de septembre, que les baings des montz Pirenées commencent d'entrer en leur vertu*, se trouvèrent à ceulx de Caulderès plusieurs personnes tant de France que l'Espaigne, les ungs pour y boire de l'eaue, les autres pour se y baigner, & les autres pour prendre de la fange; qui sont choses si merveilleuses, que les malades habandonnez des médecins s'en retournent tous guariz. » On ne saurait mieux dire en si peu de mots. La reine de Navarre définit jusqu'à la durée de la cure : « En ces baings là demeurèrent *plus de trois sepmaines* tous les mallades *jusques ad ce que, par leur amendement, ilz congnurent qu'ilz s'en pouvoient retourner.* » C'est encore la pratique actuelle. J'ai examiné, dans mon *Étude d'histoire pyrénéenne*, cette opinion de la reine Marguerite qui, tout en admettant les bains en d'autres mois, leur attribue vers Septembre une *vertu* particulière.

2. Voir *Hist. de la Gascogne*, par l'abbé Monlezun (Auch, Brun, 1850), t. V, p. 229.

3. Voir P. Lafond : « *Abbaye de Saint-Savin de Lavedan*, texte & dessins » (Cazaux, Pau, 1887; broch. in-8°). — M. de La Grèze avait aussi publié anciennement une Monographie de cette abbaye (1850).

« *Epistre de la Royne de Navarre au Roy de Navarre, malade*[1]. » Elle proteste du chagrin ressenti par elle en s'éloignant du roi & le « laissant *fasché de maladie* » & tristement préoccupé :

> « O quel ennuy d'estre de vous bannie
> Et vous laisser en telle compagnie
> D'extreme mal & de douleur cruelle ! »

Un ignorant de leurs mutuels sentiments pourrait la croire indifférente; mais *lui*, l'époux, ne s'y trompera pas :

> « Voyez le cœur de celle qui s'en va,
> Que maugré soy de la terre enleva[2]
> Pour la jetter dans sa noire litière. »

On la jette dans sa litière, on l'emporte de force; il y fallait une dure nécessité, & ce ne put, à coup sûr, être que celle de sa propre santé en détresse. Mais le roi doit se porter mieux, il doit venir la rejoindre, selon sa promesse; elle attend, elle espère, elle se réjouit d'avance :

> « Soyez certain que ces povres villages
> Qui sont subjetz au martyre & pillages,
> Quand on leur dit : Le Roy vient regarder
> Vos povretez, & gensdarmes garder
> De vous piller & faire nulz outrages,
> N'ont tel plaisir ni joye en leurs courages
> Comme j'auray quand quelqu'une courra
> Hastivement, & en riant dira :
> *Pantagruel a bien prophétisé,*
> *Car j'ay desjà les Muletz advisé*
> *De cestuy là qui vous avoit promis*
> *D'estre en trois jours en sa santé remis.* »

Marguerite rappelle ici, par allusion un endroit de Rabelais passé en proverbe (livr. III, chap. XXXV) : « En cestuy instant *Pantagruel apperceut vers la porte de la salle le petit chien de Gargantua... adoncques dist à toute la compaignie : Nostre roy n'est pas loing d'icy, levons-nous. Ce mot ne feut achevé, que Gargantua entra dans la salle du banquet.* » — Dans le cas

---

1. Voir mon édition précitée, t. III, pp. 235, 236, & p. 248 (notes).
2. Marguerite avait dû écrire : *de la terre on leva*, ou : *de terre on enleva*.

du roi de Navarre, les *mulets* remplacent le *chien* comme avant-signe de l'arrivée du prince.

Je n'avais eu d'abord en pensée qu'une maladie du roi de Navarre, au « pont Sainct-Clou », près de Paris (Juin 1537) pendant que sa femme s'occupait des affaires de François Iᵉʳ entre Mont-de-Marsan & Bayonne; mais la publication du *Tiers livre* de Rabelais n'ayant eu lieu qu'en 1546, la maladie consignée dans l'Epître des *Marguerites de la Marguerite* est postérieure & ne saurait néanmoins dépasser la fin de 1547, puisque cette date est celle de la publication des *Marguerites*. D'autre part, rien ne révèle en 1546 une pareille maladie de Henri d'Albret, tandis qu'il fut longuement souffrant en 1547[1]. Quand ce prince, le 16 Juin, partit pour prendre Jeanne d'Albret au Plessis-lez-Tours & la conduire à la Cour de France où ils étaient conviés aux fêtes du sacre de Henri II, il était déjà tourmenté par la goutte. Marguerite s'abstint de les accompagner, alléguant sa santé ébranlée par la mort de son frère, & s'en fut (Juillet-Août) habiter Mont-de-Marsan, hors d'état de s'occuper de ses affaires. Ses conseillers & serviteurs Frotté, Izernay, Gauchery, suivaient ses intérêts auprès du roi de France; Groslot, chancelier d'Alençon, reçut ses pouvoirs pour l'administration de ses Etats. « Lorsque Frotté revint de la Cour, *fin Septembre*, Marguerite *avait quitté Mont-de-Marsan pour Nérac*[2] », sans y être encore. Ensuite elle réside à Pau (Novembre & Décembre 1547, Janvier & Février 1548). Dans l'intervalle survient & s'aggrave la maladie du roi de Navarre, exagérée dans la correspondance de Marguerite & dans la sienne, par des motifs d'ordre politique & privé, *réelle* pourtant[3]. Henri d'Albret & Marguerite essayaient de s'opposer par l'inertie & par les supplications au projet de mariage de leur fille avec Antoine de Bourbon, résolu par Henri II & très bien agréé par Jeanne d'Albret. Pressé par Henri II de reprendre le chemin de la Cour avec Marguerite & de lui apporter le consentement désiré, Henri

---

1. Voir comte H. de La Ferrière-Percy, *ouvr. cité*, pp. 112, 113 & baron A. de Ruble, *Le mariage de Jeanne d'Albret*, pp. 241-246.
2. Comte H. de La Ferrière-Percy, *ibid.*, p. 108. V. ci-après, p. 15.
3. *Ibid.*, pp. 111-116.

d'Albret s'excuse (24 Décembre), sur l'extrémité & les longueurs de sa maladie. Dans cette lettre habile, opine M. de La Ferrière-Percy, « la convalescence était escomptée, la rechute prévue. » Il reporte la maladie, telle quelle, deux mois en arrière, ce qui en fixerait le début vers le mois d'Octobre. Mais Henri d'Albret, mal guéri de sa crise au moment du sacre, avait pu avoir quelques symptômes d'une autre crise dès le mois de Septembre, où il rentra chez lui[1]. Tout me persuade que Marguerite aura, entre le séjour de Mont-de-Marsan & celui de Nérac, précipité un *saison de bains* (juste de trois semaines, délai strict), traversé Pau & vu son mari *en allant*, gagné Nérac *au retour*, plus rassurée *in petto* qu'en écrivant, inquiète plutôt de la « douleur cruelle » du mariage antipathique & menaçant, que de l'« extrême mal » physique, puisque Henri d'Albret se flattait de la suivre au bout de « trois jours! » Et rien n'atteste qu'il ne l'ait pas suivie. — En tout cas, je vois ailleurs[2] que Marguerite, essayant (1547) « de distraire son deuil[3] en visitant ses vastes domaines..., *arriva à Auch le 30 Septembre* 1547, accompagnée de l'évêque Roussel (d'Oloron), son aumônier, & d'une suite peu nombreuse », comme lors de sa saison de Cauterets. *Elle y est, les 1ᵉʳ et 2 Octobre* (Dom L. C. de Brugeles : *Chroniq. ecclés. du Diocèse d'Auch*, p. 531. — Toulouse, 1745, in-4°). Or, on ne gagne pas Nérac *par Auch*, en partant de Mont-de-Marsan. Auch, au contraire, est droit au Nord de la route de Cauterets *par Tarbes*, & c'était pour Marguerite, *revenant des Pyrénées*, le vrai chemin de Nérac.

Puis, tandis que la reine se repose là, sous les beaux ombrages de la *Garenne*, vers la fin d'Octobre les choses se gâtent du côté de Pau; la maladie & la politique mêlées clouent le roi de Navarre au lit : Marguerite accourt, & ne bouge plus de quatre mois. L'Epître au roi de Navarre, témoignage de la maladie alléguée pour motif dilatoire — & devenue sérieuse — avait donc son utilité dans la partie finale du

---

1. Voir baron A. de Ruble, *ouvr. cité*, p. 244.
2. L'abbé Monlezun, *ouvr. cité*, t. V, p. 231.
3. François Iᵉʳ, son frère bien-aimé, était mort le 31 Mars.

recueil des poésies de la reine, intitulée : *Suyte des Marguerites de la Marguerite des Princesses*, imprimée vers la fin de 1547[1].

Pour 1548, rien ne nous offre une trace positive. Nous savons que Marguerite, depuis le mois de Juillet 1548 jusqu'au printemps de 1549, fut hors de ses États du Midi, pour les préparatifs du mariage — vainement combattu — de sa fille, les fêtes des noces & les réjouissances de famille consécutives[2]. Mais il n'est pas improbable qu'*auparavant* elle soit retournée aux bains de Cauterets, jugés par elle si bons pour sa pauvre santé. En Avril, elle abandonne Mont-de-Marsan pour sa ville de Pau « où elle séjourne *Mai & Juin*[3] » C'est toujours, je l'ai montré plus haut, au cours de ce séjour — avec *déplacements* — que s'intercalait le voyage de Cauterets. La *saison de printemps* aura dû, cette année-là, remplacer la *saison de Septembre* empêchée par les événements.

V.

Reprenons le fil de l'année 1549. J'ai dit que Marguerite avait sans doute choisi le moment où Henri d'Albret, sa fille & son gendre étaient réunis au château de Pau (Avril-Mai)

---

1. Le privilège qui accompagne les *Marguerites de la Marguerite*, au revers du titre, & qui, dans l'énumération des œuvres devant former le recueil, mentionne « trois Epistres... au Roy » (François 1er) est du 29 Mars 1547 (29 Mars 1546 « avant Pasques », v. st.); il émane du Parlement de Bordeaux. Deux jours après, François 1er mourait, & le plan du Recueil, dont on n'avait pas eu le temps de commencer l'impression, fut profondément modifié, lorsque Marguerite put sortir de la longue retraite où elle s'abîmait dans son chagrin, & se reprendre aux choses extérieures. Elle retrancha un peu, ajouta beaucoup, &, parmi les nouveaux éléments, il faut compter comme un des plus importants la série des *Chansons spirituelles* terminant la première partie, où il est tant question de la maladie & de la mort de François 1er. L'*Epistre... au Roy de Navarre malade*, évidemment composée bien plus tard, ne figure que dans la *Suyte des Marguerites*, imprimée en dernier lieu avec les « *trois Epistres au Roy François 1er* » notées au privilège et une *quatrième* au même prince; & l'Epître au roi de Navarre ne vient qu'après toutes celles-ci.

2. Voir comte H. de La Ferrière-Percy, *ouvr. cité*, pp. 116-133.

3. Voir *ibid.*, p. 116.

pour faire sa cure à Cauterets[1], en promettant de revenir au plus tôt. Mais, soit qu'elle eût trop présumé de ses forces, soit que le départ d'Antoine de Bourbon pour la Cour eût dérangé ses desseins, au lieu d'effectuer ce retour, dont l'Epître .le Jeanne exprimait l'espoir, elle prit le parti de l'appeler auprès d'elle *en Mai*.

Pendant leur réunion, un accident qui heureusement n'eut point de suites, fit l'objet d'une Epître poussée au badinage, puisque le péril était passé. L'aisance du ton & le dégagé du style sans formules de politesse, dénotent la familiarité parfaite des correspondants, qui pourraient bien être Victor Brodeau[2], écrivant de Pau au nom d'Henri d'Albret & de la partie de la Cour demeurée avec lui, & Jehan de Frotté, parti aux bains avec les princesses. En tout cas, si l'on n'est pas en droit d'affirmer leurs noms & qu'il s'agisse d'eux ou de personnes ignorées, les termes de l'Epître impliquent ces situations respectives.

« EPISTRE » II[3].

(D'une personne de la Cour de Pau.)

Deux jours y a qu'à pau avons nouvelles (sic)
Du feu soudain[4], chose par trop cruelle,
Et avons sceu l'effroy, dont nous doulyons,
Car non ce mal, mais le bien nous voulions.

1. Voir p. 20 ci-dessus.
2. Il y eut deux Victor Brodeau. Le premier, secrétaire & contrôleur général des finances de la reine Marguerite, poète élégant, ami & émule de Clément Marot, mourut en Septembre 1540; Jehan de Frotté lui succéda. (V. comte de la Ferrière-Percy : *Marguerite d'Angoulême*, &c., ouv. cité, p. 25-27.) — Victor Brodeau II, fut aussi secrétaire de la reine & se trouve porté comme tel *sur un rôle de sa Maison de* 1549; il devint ensuite secrétaire d'Etat d'Antoine de Bourbon, roi de Navarre. (V. *ibid.*, p. 177, & baron de Ruble : *Le mariage de Jeanne d'Albret*, ouv. cité, p. 106.)
3. Ordre du manuscrit 883 (f° 21). — Manque chez M. A. Lefranc & chez M. Ed. Frémy.
4. Paulin Paris dit : « Epître d'Elisabeth de France à Catherine de Médicis, datée de Pau. *Elle lui raconte un incendie.* » Le texte, au contraire, atteste nettement que l'auteur de l'Epître écrit *de Pau à quelqu'un résidant alors « aux baings »*, au sujet d'un incendie arrivé auxdits

D'où vint ce feu sy hardy enteprendre
Se hazarder en flammes & surprendre
Le lieu auquel telle troupe dormoit¹ ?
Je m'esbays de quel lieu il venoit,
Et, pour monstrer encore davantage
Son grand orgueil, oza fere dommage
*Aux tendres piedz de l'honneste princesse*²,
Et poursuyvant, sans que sa fureur cesse,
Mainte brusla dont *de ce hault rocher*
*Nous en voyons bien cinq ou six clocher*³.
Si tost brusla que l'on n'y prenoit garde,
Sans qu'une fille alla sans verdugade
Cryant bien hault à chascun : Je suis morte,
Aultres allant nudz piedz jusque à la porte.
L'obscure nuict, la pluye vehemente,
Les crys, les pleurs de chascun qui lamente,
Le bruyt du feu, le peuple murmurant,
Faisoit au ciel un tonnerre bruyant.
Pluye sortant des nuées fendues,
S'accompagnant des larmes respendues,
Faisoient ruisseaulx, & pouvoit l'on choisir
L'eaue ou le feu, chascun en son desir.
Or, mandes nous, si bien vous le sçaves
— *Et si aux baings*⁴ quelque loysir aves,
S'il est bien vray tout ce que vous mandons ?
Et pour la fin, adieu vous quemandons. »

bains. Et l'assimilation de « l'honneste princesse » avec Elisabeth de France, qui se désignerait ainsi elle-même — & qui se dispenserait envers sa mère, la fameuse reine-mère, du sacramentel *Madame* — ne se soutient pas davantage !

1. L'expression « telle troupe » indique une compagnie d'élite, l'entourage de la « princesse » Jeanne.

2. Il n'est question que des « *tendres piedz de l'honneste princesse* » & de ses « filles » de chambre « allant nudz piedz » jeter l'éveil & quérir du secours (voir les vers suivants). Rien de la reine de Navarre. C'est que, dans l'installation très sommaire aux *logis* & *cabanes* du Cauterets primitif, si âprement sauvage, la « trouppe » royale était nécessairement répartie entre divers locaux, sur les rudes pentes du *Pic-des-Bains*. (Voir mon *Etude d'hist. pyrénéenne*, § IV.) On conçoit que, dans ces condition, l'incendie atteignant Jeanne & ses dames soit advenu hors de la présence de sa mère.

3. C'est-à-dire : nous voyons en imagination, *cinq ou six pauvres filles* dévaler *en clochant* « *de ce hault rocher* » où était perchée leur *cabane*.

4. Voilà qui nous éclaire la route. De quels *bains* est-il parlé, sinon

Il est clair que l'auteur de l'Epître est au courant de l'accident, mais que, par jeu d'esprit, il feint le doute sur les détails, afin d'en obtenir de nouveaux.

Les notes qu'on vient de lire ont éclairci entièrement, je pense, l'état des choses : d'abord, séparation des princesses ; puis, au lieu du retour de Marguerite, voyage de Jeanne aux bains, près de sa mère. L'*Epître de Cauterets*, écrite par la reine pour presser son gendre, au nom de sa fille & au sien propre, de venir les rejoindre, va lever tous les voiles.

Cette Epître, qui, dans le manuscrit, ne porte *ni titre ni indication quelconque*, reçoit de Paulin Paris pour intitulé : « Epître de Catherine de Médicis au roi d'Espagne Philippe », avec ce commentaire : « Philippe II épousa, en Juin 1559, Elisabeth de France, qui mourut à la suite de couches à Madrid, le 3 octobre 1568. Dans cette lettre... Catherine de Médicis décrit les eaux de Cauterets, *où elle se trouvoit alors avec sa fille ; elle invite le prince à venir les rejoindre & termine par ce vœu :*

> Avecque moy suplés ce bon Dieu
> Que mere grant par vous soye en ce lieu. »

L'invitation & le vœu sont indubitables ; les qualités de mère, fille & gendre, évidentes ; seules, les personnes sont changées. Ce serait assez, pour en faire la preuve, de rappeler que les Epîtres connexes, comprises dans l'édition Abel Lefranc, sous l'exacte rubrique de la « Royne de Navarre » & de sa fille, d'après le manuscrit 24,298, subissent la même interprétation [1], & que celle-ci, fausse pour ces Epîtres, l'est aussi, par conséquent, pour l'*Epître de Cauterets*. Mais il convient de fournir la preuve directe de l'étrange méprise par l'analyse de

---

de ceux de *Cauterets* si fréquentés par la Cour de Navarre, & formellement nommés dans l'Epître qui suit ?

1. Voir pp. 10-11 ci-dessus mes remarques sur l'Epître du f° 32 : « Pour nostre adieu non dict, mais bien senty », portant arbitrairement : « La Royne à Madame *Isabel, raine d'Espagne.* »

Sur l'Epître du f° 36 : « Si vostre tant regretté departir », l'annotateur met : « Elle paroît écrite *peu de temps après la mort de Henri.* II »

l'Epitre capitale, rapprochée de certains autres passages de la correspondance rimée.

VI.

Marguerite, qui avait tant lutté contre l'alliance de Jeanne avec Antoine de Bourbon, mais qui, une fois la chose consommée, voyant sa fille heureuse, s'était résignée, &, avec sa bonté coutumière, avait franchement traité Antoine en fils & ne désirait plus que des enfants de ce mariage, — Marguerite débute par la description grandiose & pieuse des montagnes, où elle souhaite l'arrivée de son gendre, afin qu'il en contemple les beautés avec elle & Jeanne, qu'il s'y édifie l'âme... & que le jeune couple profite du séjour aux bains pour la rendre « mere grand. »

EPITRE III[1]

(De la Reine, écrite de Cauterets.)

> Ces monts tres haultz *haulsent nostre desir*
> *De vous y veoir*[2], pour avoir le plaisir
> De contempler ceste grande machine
> Où l'on cognoist la puissance divine,
> Voyre & l'ouvrier, par l'ouvrage admirable,
> (Qu'on) jugeroit veoir d'estre loüable[3].
> La profondeur de ceste eaue, qui destruict
> Terre & rochers, & melne si grand bruict,
> Qu'à la souffrir defaillent nos oreilles,
> Declare assez que ce dieu des merveilles
> N'a son pareil au ciel ny à la terre.
> En sa main grande il enclost & enserre
> Ce monde rond & tout ce qu'il contient :
> Il a tout faict, tout gouverne & maintient.
> Chose n'y a tendante à la haulteur

---

1. Ordre du msc. 883. — Manque dans l'édit. A Lefranc. — Sans titre dans le manuscrit (f° 30).

2. Elle dit : « *nostre desir* », le sien & celui de sa fille.

3. Vers boiteux, où le sens & la mesure obligent de suppléer deux mots. — Traduisez : *qu'on jugerait vraiment digne de louange.*

Dont il ne soit le dieu & createur;
Chose n'y a si petite, si basse,
Dont createur il ne soit par sa grace.
Par luy, pour luy & en luy tout est faict,
Bref, ce dieu là est un ouvrier parfaict.
Il est bien vray qu'en ce lieu nous aprend,
Arregardant son ouvrage si grand,
De sa haulteur indicible louer
Et pour seul dieu tout puissant l'advouer;
Et en voyant la grande profondeur
Du *ganvre*[1] abas, cognoistre la laydeur
De nostre enfer & de nostre peché
Qui tient le cueur si tres bas attaché
Que, si la main qui tout faict & tout forme
Par son pouvoir nostre cueur ne reforme,
Il perd l'espoir, indelectable mont.
Mais la bonté, qui jusques au parfond
D'enfer le veoit, l'en peult seule retyrer.
A ceste main nous fault toujours tyrer,
En ferme foy que de sa creature
Aura pitié, cognoissant sa nature[2].
Voyla, *mon filz*[3], la contemplation
Du *cauderes*[4], ce jour d'*assention*[5]
Où nous voyons la divine haultesse
Par ces haultz montz, & de nous la bassesse

1. Le *Gave* ou torrent de Cauterets, qu'elle compare, avec sa profondeur & son bruit effroyable, au gouffre de l'*Enfer*.

2. Ces préoccupations, ces considérations si religieuses, tirées du spectacle de la Nature, & particulièrement des montagnes pyrénéennes, vont avoir leur explication dans les deux vers qui suivent.

3. « Mon fils », appellation intime du *beau-fils*.

4. « *Du* cauderes », c'est-à-dire *du lieu de Cauterets*.

5. « Ce jour d'*assention* », nul n'y a pris garde, veut dire : « ce jour d'*Ascension*. » Voilà pourquoi Marguerite, avant toute pensée profane, s'exalte dès les premiers vers de l'Epître & s'élance vers les cimes de la méditation spirituelle, comme sa vue s'élève jusqu'aux cimes des hautes montagnes de Cauterets. — Faute d'avoir remarqué ce mot, on s'est privé du moyen le plus simple de fixer la date de l'Epitre & du séjour des deux princesses aux bains de Cauterets. (Voir plus loin mes notes développées sur ce point.)

Les vers suivants, sur la *divine haultesse* dominant la hauteur des Pyrénées, démontrent bien qu'il est question de la *divine Ascension*, dont il faut s'inspirer pour monter au Ciel nous-mêmes.

En regardant le *ganvre* abas courir,
Puis la bonté prompte à nous secourir.
Voyons aux baings où l'on trouve santé
Et où l'on veoit malades à planté[1],
En esperant que bien tost *l'extremade*[2]
S'y trouvera *comme femme malade*[3].
Ou, pour mieux dire, en fera plus de cent
Souffrir douleur par son oeil transperçant[4].

1. Mention élogieuse des fameux *bains* où les malades se pressent *en quantité* & par laquelle Marguerite répète dans ses vers, en termes singulièrement analogues, ce qu'elle écrivait en prose dans sa lettre de 1541 sur ces « baings » si merveilleux, « *que les malades* habandonnez des medecins *s'en retournent tous guariz*. » (Voir p. 22 ci-dessus.)

2. M. le Dr Duhourcau (*Souvenir de la Bigorre*, Juillet 1883), se demandait « le mot de l'énigme » & s'abstenait de prononcer entre une allusion à la province d'*Estramadure* (pour désigner le roi d'Espagne) & le sens de l'espagnol *extremado* signifiant « excès de bien ou de mal. » Un collaborateur de ladite Revue, M. J. D., résout l'énigme en traduisant *extremado* par *excellent*, d'*extremar*, achever, perfectionner (Trapani, *Diccionario español-francés*). Rien de plus naturel que Marguerite, reine de Navarre, & parlant aussi bien espagnol qu'italien, emploie ce terme *à double sens*. En effet, si je suis de l'avis de M. J. D. pour le sens : *excellent, superlatif*, j'estime que Marguerite a joué sur l'autre sens : *séparé, éloigné*. (Voir *Diccionario universal español-francés* de D. Ramon Joaquin Dominguez, 1846 : « *Extremar... séparer*, placer à part, à une extrémité », & *Nouv. Diction. español-francés* de D. Vicente Salva & F. de P. Noriega, 1856 : « *Extremar... séparer*. » — Se dit des agneaux qu'on sépare de leurs mères. ») — Or, Antoine de Bourbon, fort galant d'habitudes & loin des Pyrénées en ce moment, justifiait la double qualification de *parangon* des gentilshommes, ainsi que de gendre & mari *séparé, éloigné* de sa belle-mère & de sa femme.

3. C'est-à-dire : *comme moi, pauvre femme malade.*

4. C'est-à-dire : *ou plutôt, s'y trouvera comme un bourreau des cœurs par l'éclair de son regard.* — Cette plaisanterie, qui choque M. J. D. & lui semble digne uniquement d'une Catherine de Médicis, n'avait rien que de conforme au goût du temps. Par contre, il opine juste, croyant Philippe II en cause, lorsqu'il écrit : « La suite de l'Epitre est *une pure contre-vérité supposant entre Philippe II & Elisabeth un amour...* » dont l'ardeur ne se retrouve pas, dirons-nous, dans les bonnes relations de ces deux époux, contenus par l'étiquette & par le caractère, d'après l'Etude même si documentée de M. l'abbé C. Douais : *Les dernières années d'Elisabeth de Valois, reine d'Espagne*. (*Revue des Pyrénées*, t. VIII, 1896, pp. 1-67.) Quelle différence entre eux & nos jeunes duc

C'est de (ce) lieu ce que je vous puys dire,
Où sans cesser vous souhaite & desire;
Mais vostre femme en doybt avoir l'office,
Car elle n'a plaisir ny exercice
Que de parler ou escripre de vous.
C'est le mestier qu'elle faict devant tous
Et en secret. Et si, n'y a montagne
Qu'entretenir elle de vous se faigne;
Dedans les baings ne trouve guerison.
Ceste eaue ne peult estaindre le tyson
*De son amour*¹, qu'elle dict raisonnable,
Tant que j'auroy son abscence agreable
Pour le grand bien qu'elle aura de vous veoir.
Si elle vous ayme, elle faict son debvoir,
Et je m'accorde à son heureuse allée;
En vous voyant, demourra consolée,
Car rien que vous ne la peult secourir.
De jour en jour nous la voyons perir,

& duchesse de Vendôme, dont l'amour réciproque *flamba* longtemps, au témoignage des contemporains! (Voir la note ci-après.)

Sur la prestance, l'air séducteur, la parole parfois éloquente, mais toujours agréable & enjouée d'Antoine, M. B. de La Grèze s'étend (*Le Château de Pau*, ouvrage cité, pp. 144, 145) avec de suggestifs détails : « Son esprit éclatait souvent dans de joyeux refrains improvisés au milieu de gais convives... Son goût pour les femmes était porté si loin, que sa dignité en souffrait... prince si facile, si indolent, *si voluptueux*, dit l'Etoile, qu'une intrigue d'amour lui faisait abandonner les plus grandes intrigues du royaume. » Sa galanterie, qui devait plus tard offenser & ulcérer profondément Jeanne d'Albret, n'était alors qu'un péché mignon encore, objet d'innocent badinage pour Marguerite & pour Jeanne. — C'est le type d'homme esquissé dans notre Epître, mais combien peu le type de Philippe II!

1. Ces vers attestent deux choses : la présence de Jeanne *aux bains de Cauterets avec sa mère*, puis le vif amour qu'elle portait au beau mari absent. « Le lendemain des noces (d'Antoine & de Jeanne), Henri II écrivait au connétable (Anne de Montmorency) : « *Je ne vis jamais mariée plus joyeuse que ceste cy*, & ne fit jamais que rire... » (Comte H. de La Ferrière-Percy, ouvrage cité, p. 128.) — Les diverses grossesses de Jeanne, depuis 1550, ne sont pas la seule preuve du bon accord prolongé des époux. La jeune duchesse suit son mari en campagne & ne maîtrise guère son amour pour lui. On voit (baron A. de Ruble : *Antoine de Bourbon & Jeanne d'Albret*, t. I, ch. 1) combien elle & lui continuaient d'être épris l'un de l'autre, *allant jusqu'à se joindre en cachette* pendant la guerre de Picardie (*Ibid.*, pp. 99-101).

> *Qui du depart m'a faict croistre l'envye,*
> *Puisque sans vous, mon filz, elle est sans vie¹. »*
> Soyez luy donc vie & contantement,
> Tant que l'amour soit si egallement
> En voz deux cueurs, pour jamais n'en partir
> Qu'un seul vouloir, un penser, un partir
> Soit de voz deux², sans séparation;
> En cela gist ma consolation.
> Et puys amour en voz cueurs *triumphant*
> — *Par le doulx fruict d'un beau petit enfant*³

1. Ces vers, non sans arrière-pensée, se résument en cette idée : Ma fille dépérit de regret de votre absence, & dans la crainte de voir sa santé sérieusement altérée, malgré le secours fortifiant des bains, j'accepte, au besoin je précipiterai son départ d'ici, qui me privera de la joie de sa compagnie. — Mais, comme au début de l'Epitre elle appelait de ses vœux l'arrivée de son gendre auprès d'elle & de sa fille, on verra qu'en terminant elle espère toujours la réunion de tous trois en ce lieu.

2. (*Sic*). — Cf. ces passages, presque identiques, des poésies de Louise de Savoie :

> « Ce n'est qu'ung cueur, ung vouloir, ung penser. »

& de Marguerite d'Angoulême :

> « Ce n'est qu'ung cueur, & ne sera jamais,
> « De vous et moy... »

(Voir *Poésies du roi François Ier, de Louise de Savoie... & de Marguerite de Navarre*, &c., publ. par Aimé Champollion-Figeac. — Paris, impr. roy., 1847, petit in-f°.) — Cf. ci-après, chap. VIII, l'expression pareille : « *de voz cueurs..., ce n'est qu'ung* » (Ep. VI du msc. 883). — Voilà bien, en fait de style intime, la *marque de fabrique*, pourrait-on dire, de Marguerite & de ses proches!

3. On attendait impatiemment, depuis les noces de 1548, une grossesse de Jeanne d'Albret; aussi est-il permis d'avancer qu'en désirant si fort la réunion des deux époux *aux bains de Cauterets*, Marguerite espérait quelque chose de la *vertu* des eaux *emprégnaderas* (fécondantes). Celle des *Eaux-Chaudes* surtout avait cette réputation, & Jeanne d'Albret sut en user. Mais on vantait aussi les eaux de Bagnères-de-Bigorre & de Cauterets, & dans ce dernier endroit il y avait même au seizième siècle une coutume vertement flagellée par un poëte du cru, Auger Gaillard, celle de confier les femmes recherchant la grossesse aux soins de *frétayrés* ou frotteurs, qui les frictionnaient d'une manière spéciale en plein bain. Le poëte, sceptique & scandalisé, réprouve ces pratiques, bien qu'il ne nie pas d'ailleurs le pouvoir des eaux, surtout sous forme de breuvage. (Voir le *Discours des bains de*

Vous consolant (ous nous consolera ;
Dont à mon dieu ma bouche parlera
En chant playsant immortelle louänge,
Et ma tristesse en plaisir fera change.
Doncques¹, mon filz, que j'ayme si très fort
Que plus ne puys, *au moins avant ma mort,*
Avecques moy suplyez ce bon dieu
Que mere grand par vous soye en ce lieu. »

Marguerite donc, & non Catherine de Médicis, *pressentant sa mort prochaine,* aurait voulu avoir auparavant, *en ce lieu* si favorable aux époux, ce qui se nomme une espérance d'enfant. Mais il lui fallut laisser partir sa fille, que le mari réclamait & qui, dans son égoïsme inconscient, brûlait de le retrouver. Malade, elle resta seule aux bains, un peu de temps encore², puis regagna sa demeure de Pau, égayée du murmure des feuillées & des eaux « doulcement » bruissantes³. De là elle écrivit, là elle reçut des Epîtres en vers qui soulageaient sa tristesse & compensaient un peu la dureté de ses peines matérielles.

Notre Epître de Cauterets étant *du jour de l'Ascension*, le départ de Jeanne d'Albret ne put s'effectuer qu'après cette date — 31 Mai 1549 — où Marguerite n'avait pas perdu l'espoir de l'arrivée de son gendre. Voyons *quand* se fit ce départ

---

Cauterets, en vers français, publié par M. le Dr Duhourcau dans sa brochure précitée : *Les Frétayrès.*)

Jeanne d'Albret, plus tard, fréquenta les Eaux-Chaudes & les adopta complètement. Sur sa prédilection, celle de ses deux enfants, Henri IV & Catherine de Navarre, pour cette station thermale plus voisine de Pau, voir B. de La Grèze : « *La société & les mœurs en Béarn* (ouvr. cité, chap. IX : *Les Eaux des Pyrénées*) & *Notice histor. sur les Eaux-Chaudes* », par M. L. Soulice (*Guide du baigneur aux Eaux-Bonnes & aux Eaux-Chaudes ;* Pau, 1881).

1. Le msc. porte : *Dont,* faute de prosodie.
2. C'est du moins ce qui semble indiqué par les Ep. IV & VI du msc. 883 (II & V de l'édit. A. Lefranc), où Marguerite parle d'un de ces furieux orages, comme il en éclate soudainement dans la région de Cauterets, & qu'elle peint de traits si énergiques : le vacarme des vents & du tonnerre par le ciel, dont « l'apostume crevée » bouleverse tout sous la pluie & la grêle traversées d'éclairs ; la terre tremblante ! &c.
3. Voir ci après, chap. VIII, mon commentaire de l'Epître VIII.

& ce qui s'ensuivit, en reliant les données de cette Epître avec celles — pleinement concordantes — des Epîtres publiées.

Mais d'abord vidons, une fois pour toutes, la question de *l'entrevue de Bayonne* & de l'excursion imaginaire de Catherine de Médicis aux bains de Cauterets avec sa fille Élisabeth, en l'année 1565.

Recourant au Journal de voyage d'Abel Jouan [1] & aux excellents travaux de M. Tamizey de Larroque [2], du baron Kervyn de Lettenhove [3] & du comte H. de La Ferrière [4], je vais préciser — sous le contrôle des sources originales — la série des faits & dates précédant & suivant ladite entrevue [5].

VII.

L'entrevue de Bayonne, préparée de longue main entre Charles IX & Philippe II, qui se déroba & se fit représenter par sa femme Elisabeth, fille de Catherine de Médicis & sœur du roi de France, avec l'assistance de ses ambassadeurs, eut pour prélude une visite des provinces de l'Est, du Sud-Est & du Midi (Champagne — avec une pointe & un arrêt convenus en Lorraine [6] — Bourgogne [7], Dauphiné, Provence, Lan-

---

1. Voir ci-dessus, chap. II, pp. 11-13, note.
2. « *Entrée du Roy Charles IX à Bordeaux*, avec un Avertiss. & des Notes » (Bordeaux, P. Chollet, 1881). — Edit. de l'opusc. original : Paris, Thomas Richard, 1565. (*Avertiss.* du 3 juin.)
3. « *Les Huguenots & les Gueux. — Etudes hist. sur vingt-cinq années du seizième siècle* : 1560-1585. » (Bruges, Beyaert-Storie, 1883, t. Ier.)
4. « *L'entrevue de Bayonne* » (étude citée).
5. Voir encore l'abbé Moulezun : *ouvr. cité* ; E. Gaullieur, archiviste de la ville de Bordeaux : *Hist. du Collège de Guyenne* (Paris, Sandoz & Fischbacher, 1874, gr. in-8°) & F. de Crue, professeur à la Faculté des Lettres de l'Université de Genève : *Anne duc de Montmorency... sous les rois Henri II, François II & Charles IX* (Paris, Plon, 1889, in-8°).
6. Ce voyage, inspiré par le parti de Guise, mais suspect aux princes du sang, au parti huguenot & au connétable de Montmorency lui-même, avait pour but ostensible d'assister, à Bar-le-Duc, au baptême de Henri, premier fils du duc de Lorraine; les parrains furent Charles IX & Philippe II (représenté par le comte de Mansfeld).
7. A Mâcon, la reine de Navarre, Jeanne d'Albret, rejoignit la Cour;

guedoc & Gascogne) par Charles IX, la reine-mère & toute leur Cour.

Partis de Paris dès le lundi 24 Janvier 1564, (1563 v. st.), & de Fontainebleau, le 13 Mars, après un séjour de six semaines, ils atteignirent Valence-en-Dauphiné le 23 Août, & ils en repartaient le 2 Septembre au soir. Ce fut pendant la halte de Valence, qu'on apprit l'accident survenu à la reine Elisabeth, dont une fausse-couche avait mis la vie en danger. Elle entra en convalescence vers la mi-Septembre. Jusqu'au 11 Janvier 1565, les tergiversations continuaient touchant l'idée d'une entrevue politique ; on l'admit alors en principe. Fin Janvier, le lieu — Bayonne — était fixé, & Catherine, en remerciant Philippe II de lui envoyer sa femme *ld*, exprimait l'espoir de le voir lui aussi, peu « après »[1].

Entre Valence & Toulouse, les grandes étapes furent Montélimar, Avignon, Aix-en-Provence, Brignoles, Hyères, Toulon, Marseille, Arles, Nimes, Aiguesmortes, Montpellier, Agde, Béziers, Narbonne, Carcassonne, Castelnaudary. Le 31 Janvier, coucher sans cérémonie à Toulouse, où l'entrée solennelle se fit le lendemain & où le roi tint « sa Cour de Parlement » le 8 Février.

La Cour séjourna dans Toulouse tout le mois de Février & dix-huit jours pleins du mois de Mars ; elle n'en repartit que le 19 Mars au matin. Dans l'intervalle, en Mars, le bruit avait couru d'une grossesse d'Elisabeth, l'empêchant de faire le voyage projeté ; il fut démenti, & l'on reçut avis qu'elle serait à Valladolid avant la fin du mois.

Voici les principales étapes de la Cour de France depuis Toulouse :

. 19 Mars 1565. — Départ de cette ville.

20 Mars. — Passage du Tarn, entrée à Montauban.

21 Mars. — Coucher à Moissac, au pays d'Agénois.

23-26 Mars. — Entrée & séjour à Agen.

27 Mars. — Dîner au Port-Sainte-Marie ; coucher à Aiguillon.

à Roussillon (Dauphiné), elle s'en séparait, mais laissait son fils Henri auprès du roi de France, sous la garde loyale de Montmorency (F. de Crue, *ouvr. cité*, chap. XIX).

1. V. comte H. de La Ferrière : *étude citée*.

28 & 29 Mars. — Séjour à Marmande.

29-31 Mars. — Séjour à la Réole. — Le 31, coucher à Cadillac.

1er Avril 1565 (dimanche) : dîner à Cadillac ; puis on s'embarque sur la Garonne, pour aller coucher sans cérémonie à Bordeaux.

Les derniers déplacements du roi, du vendredi 23 Mars au 1er Avril, eurent lieu dans « un beau batteau que les Capitoulx de Toulouse luy firent faire », au dire d'Abel Jouan. (Le 28 Mars, un courrier envoyé par le duc d'Albe annonçait que la reine d'Espagne passerait la Semaine-Sainte à Valladolid & que de là elle gagnerait Burgos, le lendemain ou surlendemain de Pâques, fête qui tombait le 22 Avril [1]).

Le roi, arrivé dans Bordeaux, y passa la journée du lendemain 2 Avril, puis s'en fut, du 3 au 8, habiter le château de Thouars, près de la ville, en attendant que le beau temps permît son entrée solennelle : celle-ci eut lieu le 9 Avril.

Du 9 Avril au 3 Mai 1565 : séjour du roi & de la Cour à Bordeaux. — (Le 12 Avril[2], le roi tient son lit de justice au Palais. — Le 19, une lettre de Thomas Smith, envoyé anglais, parle de la réception brillante faite par la reine-mère, le 18, au comte d'Egmont & au jeune prince de Parme, revenant d'Espagne en Flandres, & rapporte qu'elle leur exprima le désir de voir Philippe II à Bayonne. — D'autres lettres portent que, par contre-partie, elle célébra pompeusement la Saint-Georges, 23 Avril)[3].

3 Mai[4]. — Le roi & la Cour quittent Bordeaux.

4 Mai, dîner & coucher à Langon.

5 Mai. — Entrée, dîner & coucher à Bazas, où, le 6, le roi & la Cour ont le spectacle d'une course de taureaux.

7 Mai. — On passe la rivière de Ciron « sur le pont de Boullas... lieu qui fait la séparation de France & des terres de

---

1. Comte H. de La Ferrière : *étude citée*.
2. M. B. de Puchesse se trompe en écrivant dans son Etude précitée (V. mon chap. II) : « *Le 12 avril*, la Cour quitte Bordeaux. »
3. V. baron K de Lettenhove : *ouvr. cité*, chap. VII-XI, pour ces faits & pour l'entrevue ultérieure. — Cf. Abel Jouan sur ce passage.
4. Date d'Abel Jouan. — Le comte H. de La Ferrière dit : « le 2. »

Navarre » (A Jouan). Dîner & coucher à Captieux « au commencement des landes de Bordeaux. »

8 Mai. — On entre « ès landes ». — Dîner au hameau de la Traverse, coucher à Roquefort.

9 Mai. — Continuation de la traversée des Landes. — Dîner & coucher à Mont-de-Marsan, où l'on séjourne quinze jours.

24 Mai. — Départ & reprise du voyage par les Landes; dîner à Meilhan, coucher à Tartas.

28 Mai. — Départ & dîner à Pontonx. — Sortie des Landes & entrée à Dax.

29 Mai. — Dîner à Saubusse; puis, après dîner, embarquement sur l'Adour, pour aller coucher à Bayonne. (Le roi y demeura *incognito* avec sa mère & la Cour jusqu'au 3 Juin, pendant que Catherine de Médicis vaquait aux préparatifs de l'entrée solennelle & s'abouchait, le 31 Mai, avec l'ambassadeur d'Espagne, Alava, installé dans un vaste hôtel. Une lettre d'Alava, de ce jour, note qu'elle s'y rendit déguisée, à la brune, interrogea ses serviteurs & lui laissa un message. — Le 1er Juin, *fête de l'Ascension*[1], Alava, averti que Catherine ira à la cathédrale, se trouve sur son passage & l'entretient du bruit, courant alors, d'un projet de réception d'une ambassade turque par le roi Charles IX[2].)

3 Juin. — Le roi s'embarque & remonte le fleuve pour aller dîner à La Honce, « petite abbaye cachée en un bois », & revient en bateau, descend au bout du pont en « un théâtre » d'où il passe la revue des compagnies de la ville, puis fait son entrée officielle « qui fut fort belle. » — Des inscriptions en vers ornaient quatre tableaux « separez en quatre endroicts », en l'honneur du roi & de sa famille. (A. Jouân.)

8 Juin. — Pendant le séjour de Bayonne, Alava reçoit des

---

1. L'année précédente, le roi, sa mère & la Cour avaient célébré l'*Ascension*, au sortir des fêtes de Bar-le-Duc, le jeudi 11 Mai 1564, à Gondrecourt.

2. Voir baron K. de Lettenhove : ouvrage cité, *ibid.*, p. 243, &, pour la suite des indications concernant l'*entrevue de Bayonne* & l'*ambassade turque*, pp. 247-255, concurremment avec le comte H. de La Ferrière & Abel Jouan.

lettres de Philippe II déclinant l'invitation d'assister *lui-même* aux conférences de Bayonne. Instruit par Alava des négociations de Catherine avec les Turcs[1], il part de Valladolid pour Madrid, après avoir mis comme conseiller auprès de sa femme Elisabeth, chargée de le suppléer en France, son ministre de confiance, le duc d'Albe.

9 Juin. — Le duc d'Orléans, frère du roi[2], va, en brillante compagnie, « *au devant de la Royne d'Espaigne*, leur sœur, *iusques à dix lieuës dans Espaigne, près Thoulouzette.* » (A. Jouan.)

12 Juin. — Charles IX & Catherine de Médicis, avertis qu'Elisabeth doit partir d'Irun le lendemain après dîner, se rendent au-devant d'elle & couchent à Saint-Jean-de-Luz.

14 juin[3]. — Ils vont, « bien accompagnez des Princes & grands Seigneurs de France, » (A. Jouan[4]) l'attendre à Hendaye au bord de la rivière qui sépare les deux royaumes (la Bidassoa). Elle entre « au batteau du Roy » au milieu de la rivière ; puis, après une collation sous la feuillée qu'il avait fait dresser sur la rive française, elle & Catherine, avec lui, s'en vont coucher à Saint-Jean-de-Luz.

15 Juin[3]. — Tous, avec le duc d'Albe & la troupe espa-

---

1. Le 1ᵉʳ Juin, Alava apprend indirectement que le baron de la Garde est arrivé à Bordeaux pour y attendre un ambassadeur turc récemment débarqué. En effet, depuis quelques jours, on avait informé de Marseille la reine-mère que cet ambassadeur, un Polonais, venait d'être accueilli avec égards, & qu'on le faisait accompagner par le consul français d'Alger, en prévenant M. de Joyeuse de le bien traiter en Languedoc & de le conduire jusqu'au roi avec sa suite de cinquante Turcs & l'escorte fournie par le comte de Tende, gouverneur de la Provence. *Un peu avant la venue de la reine Elisabeth*, le consul d'Alger prévenait Catherine *de l'arrivée de l'ambassade turque à Dax.* Elle se hâta de répondre qu'on y restât jusqu'à nouvel ordre.

2. Edouard-Alexandre, qui prit ensuite le nom de Henri, le titre de duc d'Anjou, & devint le roi de France Henri III.

3. Dates d'Abel Jouan, suivi par le baron K. de Lettenhove. — Le comte H. de La Ferrière, à tort, dit : 13 & 14 *Juin*.

4. C'est-à-dire « avec le Connétable & toute la Cour, *sauf la reine de Navarre & le prince de Condé, que Philippe II n'avait pas voulu admettre.* » (F. de Crue, ouvr. & chap. cités.)

gnole, repartent pour Bayonne, où la reine d'Espagne fait son entrée aux flambeaux vers les neuf heures du soir. (M. Ed. Frémy inscrit ici la date fantastique du 14 *Mai!*)

Du 15 Juin au 2 Juillet : — Séjour d'Elisabeth à Bayonne. — Fêtes & politique mêlées. — Le 23 juin, souper & gala de nuit somptueux dans une île de l'Adour, avec spectacle d'une pastorale, travestissements, danses, illuminations féeriques. — Tournoi de Bayonne, le 25 Juin; puis, combats « en salle » & « comédies. » (Plusieurs conférences entre Catherine de Médicis & le duc d'Albe; une dernière, le 30 Juin, où figurent Charles IX, Catherine, Elisabeth, le duc d'Albe, don Juan Manrique, le duc d'Orléans, le connétable de Montmorency, les cardinaux de Guise & de Bourbon, le duc de Montpensier, le maréchal de Bourdillon. Après cette conférence définitive & la remise d'un écrit de Philippe II, les dispositions hésitantes du roi & de sa mère semblent changées[1].)

18 Juin. — Entrevue secrète de Charles IX avec l'envoyé turc. — Par lettre du 12 Juin, le consul d'Alger avait insisté sur la nécessité de recevoir au plus tôt l'envoyé de Soliman, au moins en audience secrète. Il offrait de l'amener *incognito* à Bayonne. Charles IX & Catherine préférèrent lui donner rendez-vous hors de la ville, au couvent de Saint-Bernard-lez-Bayonne[2]. Alava dit l'ambassadeur turc très fâché *de ce qu'on était resté si longtemps sans lui donner audience,* & ajoute

---

1. Catherine, prodigue de démonstrations orthodoxes comme de promesses conciliantes envers les Réformés, continuait son jeu de bascule favori : dans l'été de 1564, elle restreignait, par l'édit de Roussillon, les libertés protestantes, après avoir évincé les Huguenots de Lyon & poursuivi de ses tracasseries Jeanne d'Albret & la duchesse Renée de Ferrare; mais, en Novembre, elle négociait le mariage de Charles IX avec Elisabeth d'Angleterre; pendant le séjour de Toulouse elle renouvelait le fameux contrat du 12 Mars 1563, l'Edit de pacification d'Amboise ménageant Catholiques & Réformés; entre Bordeaux & Mont-de-Marsan, elle avait encore déclaré publiquement qu'on le maintiendrait. (Lettre de Smith, du 5 Mai.) — Voir F. de Crue & baron K. de Lettenhove : *ibid.*

2. Abbaye de religieuses de l'ordre de Citeaux, que le comte H. de La Ferrière nomme, par erreur, Saint-Léonard, dans *l'Entrevue de Bayonne.*

qu'il a fait deux ou trois fois mine de vouloir s'en aller, que le
roi & la reine mère sont partis *hier* — 18 Juin — *à une lieue
& demie d'ici* pour le recevoir [1]. (Il ne pouvait donc, bien que
M. B. de La Grèze allègue à l'appui de ce conte un manuscrit indéterminé [2], avoir été déjà reçu *à Tarbes* par le roi &
par sa mère, ce qui aurait eu lieu forcément du 4 au 11 Juin,
avant l'entrée en France de la reine Élisabeth. On remarquera,
d'ailleurs, que dans l'itinéraire du roi & de la Cour la ligne du
voyage décrit une courbe au-dessus des États pyrénéens de la
Maison de Navarre (comté de Foix, comté de Comminges,
Bigorre & Tarbes, Béarn & Pau, Navarre française). En ces
régions, la maison de Navarre était maîtresse [3]. M. F. Pasquier, archiviste de la Haute-Garonne, dans sa belle Notice
historique & archéologique : *Château de Foix* [4], rappelle que
le jeune roi de Navarre, notre futur Henri IV, vint « dans
son pays de Foix » en 1565. De Lescazes, un vieil historiographe local, dit « que le roy de France, Charles IX, faisant la ronde de plusieurs provinces, estant arrivé à Tolose,
Henri IV [5] roy de Navarre, comte de Foix, *suivant la Cour
royale*, prit occasion d'aller voir le pays de son comté, *selon la
recommandation à luy faite de la part de sa mère* [6], & ayant

1. Comte H. de La Ferrière, *étude citée*.
2. « Charles IX, *d'après un manuscrit*, passa à Tarbes en 1565 & y reçut
la visite d'un ambassadeur turc. *Le roi se rendait à Bayonne, où il était
attendu par sa sœur la reine d'Espagne.* » (Chap. IX, p. 127, de l'*Hist.
religieuse de la Bigorre*, Paris, Hachette, 1863, in-12). Que de contradictions avec la vérité!
3. Le Roussillon seul lui échappait, dépendant de l'Espagne ; c'est
de ce côté que la Cour de France descendit le plus au Sud. Abel Jouan
note, mardi 8 Janvier 1565, qu'on atteint Leucate (où l'on dîne),
« belle forteresse & dernière place de France, *à 4 lieuës de Perpignan.* »
4. *Revue des Pyrénées*, t. VIII, pp. 68-121. 1896.
5. *Henri IV, roi de France*, plus tard ; mais il faudrait dire *Henri III
de Navarre*.
6. Henri de Navarre, né à la fin de 1553, était si jeune lors de ce
voyage, qu'il était en cela *mené* absolument par sa mère. Il aurait toutefois joué un rôle plein d'initiative & de hardiesse rare pour son âge,
si, comme l'avance un historien, répété par le baron K. de Lettenhove,
se retrouvant avec la Cour de France, lors de l'entrevue de Bayonne, il
s'était glissé inaperçu dans le cabinet de la reine mère pour y surpren-

fait son entrée avec magnificence à Foix... se retira tout après dans Pamiès & Mazères, *où les exercices des Huguenots estoient pratiquez & où aussi il fit publiquement prescher par ses ministres liberté de conscience*[1]. » Catherine, qui n'avait pas encore pris une attitude résolument hostile contre les Huguenots, mais qui se targuait de son catholicisme auprès des Espagnols, eût craint sans doute, par une visite intempestive dans ces contrées, où Jeanne d'Albret prêtait force au protestantisme, d'y soulever des troubles fâcheux pour sa politique mi-partie, ou même d'y risquer gros jeu pour elle, le roi son fils & leur entourage. (Si Catherine de Médicis accompagna Henri de Navarre, plus tard, sur la fin de Février 1578, dans ce même comté de Foix, elle y venait en de tout autres circonstances, comme belle-mère, avec sa fille Marguerite de Valois, mariée au roi Henri, & les dames de leur Cour.)

2 Juillet 1565. — Élisabeth quitte Bayonne. Ce jour-là, Catherine répond au duc d'Albe « de la gaillarde détermination de son fils en tout ce qu'on lui demande[2]. » — Abel Jouan dit : « La Royne d'Espaigne demeura *dix sept jours à Bayonne*, & le Roy y demeura trente trois jours, *puis partirent tous ensemble* le Lundy deuxiesme jour de Juillet » pour aller coucher à Saint-Jean-de-Luz.

3 Juillet. — Après dîner, le roi, sa mère & tous les Espagnols partent *ensemble* pour reconduire la reine Élisabeth jusqu'au bord de la Bidassoa. Charles IX s'en fut coucher à Saint-Jean-de-Luz. « *Et la Royne sa mère passa la rivière pour aller coucher avec la Royne sa fille au village de Heron* » (Irun), d'où elle « *s'en retourna le lendemain... coucher à Sainct Jehan de Luz*. Et monsieur d'Orléans retourna conduire la dicte Royne d'Espaigne *jusques à Sergouse* (Saragosse), *qui est une*

---

dre les conseils meurtriers du duc d'Albe. (P. Matthieu, t. I. p. 283).

1. « *Le Memorial historique... des troubles & ce qui est arrivé diversement de plus remarquable dans le Païs de Foix & Diocèse de Pamiers* » (1390-1640), par Jean Jaques de Lescazes, Prestre, jadis Curé de Foix, &c. A Tolose, par Arnaud Colomiez, Imprim. ordin. du Roy & de l'Université. — MDC.XLIV. » (Réimpr. à Foix, 1891, v° Pomiès, in-8°). P. 68.

2. Baron K. de Lettenhove : *ouvr. cit.* p. 255.

ville quinze lieuës en Espaigne, duquel lieu il fut de retour à Sainct Jehan de Luz, où le Roy l'attendoit... » & séjourna jusqu'au 11 Juillet. (Abel Jouan.)

11 Juillet. — Départ du roi & de sa Cour par Biarritz, pour Bayonne, où ils couchent.

12 Juillet. — Départ de Bayonne; coucher à Bidache.

13 Juillet. — Dîner & souper audit lieu; coucher à Peyrehorade.

14 Juillet. — Dîner & coucher à Dax (séjour).

17 Juillet. — Départ de Dax, dîner & coucher à Tartas.

18 Juillet. — Dîner & coucher à Mont-de-Marsan (séjour).

23 Juillet. — Départ de Mont-de-Marsan, dîner & coucher à Cazères.

24 Juillet. — Dîner & coucher à Nogaro. — 25 Juillet, dîner & coucher à Eauze.

26 Juillet. — Dîner & coucher à Montréal. — 27 Juillet, entrée, dîner & coucher à Condom.

28 Juillet. — Entrée, dîner & coucher à Nérac, *où se tenait la Cour de Navarre*, & où l'on tâcha de ramener Jeanne d'Albret au catholicisme [1].

1er Août. — Départ de Nérac.

Puis le roi & sa Cour, remontant vers Paris en zig-zag, quittent l'Agénois, traversent le Périgord, l'Angoumois, la Saintonge, le Poitou, le pays de Nantes, l'Anjou, la Touraine, le Berry, le Bourbonnais, l'Auvergne, le Nivernais, la Bourgogne, la Champagne, la Brie & l'Ile-de-France. Cette longue promenade royale parmi les provinces de France se terminait le 1er Mai 1566, où le roi, parti de Saint-Maur-les-Fossés, s'en venait dîner « au logis de Madame du Perron, faubourg sainct Honoré-lez-Paris. » (A. Jouan).

Maintenant, tirons la conclusion de ces données.

Au cours de ce voyage, particulièrement dans la zone où le roi & la Cour sont proches des Pyrénées (de Toulouse à Bayonne), entre fin Janvier & la mi-Juillet 1565, Charles IX & Catherine de Médicis *ne cessent d'être ensemble;* &, durant la période où Élisabeth est en France (14 Juin-3 Juillet) & où

---

[1]. V. abbé Moulezun, *ouvr. cité*, t. V, p. 307.

s'encadre *l'entrevue de Bayonne*, le roi, la reine-mère & sa fille Élisabeth ne se quittent pas ; ni avant, ni après cette date, la reine d'Espagne ne s'écarte de l'itinéraire soigneusement tracé d'avance, tant en France qu'en Espagne, selon un programme réglé & sous l'escorte officielle. Nul moyen, par conséquent, d'intercaler dans ce réseau enveloppant de journées, d'abord une *fugue* aux bains de Cauterets — *avec séjour*, puis *invitation au roi d'Espagne* — de Catherine & de sa fille (dans les termes de notre Épître de Cauterets), ensuite *là*, une séparation entre elles, *avec correspondance en vers*, la reine-mère demeurant *seule* & sa fille retournant vers le mari absent, *qu'elle ne peut rejoindre !* Or, Élisabeth, que sa mère Catherine reconduisit jusqu'en Espagne, rejoignit parfaitement son mari Philippe II au Bosc-de-Ségovie, où il l'attendait [1].

La mention de la fête de l'*Ascension*, relevée par moi dans l'Épître de Cauterets, complète la démonstration, puisque Catherine la célébrait *à Bayonne le 1ᵉʳ Juin 1565, treize jours avant l'arrivée de sa fille*, tandis que dans notre Épître, *mère & fille sont réunies aux bains de Cauterets* « ce jour d'*Assention* », auquel on ne peut assigner, d'après les concordances les plus strictes, que la date du 31 Mai 1549.

L'examen comparatif des Épîtres suivantes avec la série des évènements historiques parachèvera le récit de cet épisode familial.

VIII.

L'Épître IV du manuscrit 883 (Épître II de l'édition A. Lefranc) est de la reine Marguerite & nous apprend que Jeanne d'Albret est partie, au grand chagrin de sa mère. Elles n'ont pas pleuré tant qu'elles se sont vues, & le ciel, comme pour se conformer au vouloir de cet adieu contenu,

> Le ciel ne s'est à *pleurer* consenty [2].

---

1. En outre, Élisabeth avait perdu son père, Henri II, *en 1559*; or, dans les Épîtres postérieures, on voit que la princesse devait accomplir ce voyage *en compagnie de son père*, ce qui était le cas de Jeanne d'Albret, mais nullement de la reine d'Espagne.

2. Cf. une expression analogue dans un conte populaire de l'Allemagne, recueilli par les frères Grimm, *Petit Frere & petite Sœur* : « Ils

Mais une fois la fille si chère disparue, les pleurs & cris de l'isolée ont comme appelé une tempête de pluie, grêle, vents & tonnerre : pauvre soulagement au cœur de Marguerite ! Elle va tenter de se consoler en Dieu, avec la pensée toujours présente de sa fille.

L'Epître V du manuscrit 883 (Epître III de l'édition A. Lefranc), écrite par Jeanne, exprime les mêmes idées que celle de sa mère. Maintenant aussi elle pleure, alors qu'au départ ses yeux, « craignant trop de larmes espandre », ont maîtrisé sa bouche, « luy deffendant le pleurer & l'adieu. » Que peut-elle en cette séparation, hormis d'exhaler ses regrets & d'assurer sa mère de son respectueux dévouement ? Certes, elle se promet « l'agréable plaisance *de reveoir ung mary*. » Mais quoi, dit-elle,

> Mais quoy ! mon cœur encores trop marry
> Ne la veult poinct avoir ne recepvoir.

Elle n'aura de cesse qu'elle soit retournée bientôt vers sa mère, non pas seule, mais en compagnie de tous les siens, avec la joie

> *D'ensemble veoir pere, mere & mary.*

M. Ed. Frémy s'écrie là-dessus : « Toujours la même faute du copiste ! » Car le mot *père* le gêne pour son Elisabeth de France, dont le *père*, Henri II, était mort en 1559, six ans avant l'*entrevue de Bayonne*[1]. Pour nous, la chose est simple, *père, mère & mari* (Henri d'Albret, la reine Marguerite & Antoine de Bourbon) étant vivants avec Jeanne d'Albret.

marchèrent tout le jour par des prairies, des champs & des chemins pierreux, & quand il pleuvait, la petite sœur disait : « Dieu & nos « cœurs pleurent ensemble. » (*Contes allemands du temps passé*, extraits des recueils des frères Grimm & de Simrock, Bechstein, &c., trad. par F. Frank & E. Alsleben : 3ᵉ édit., Paris, 1892.) — V. plus loin Commentaire des Epîtres VI & VII.

1. Voir ci-après, au sujet de l'Ep. IX, ce qu'il en dit très malencontreusement.

Relevons ici ce terme, qui revient perpétuellement dans l'œuvre de Marguerite :

Au Tout-Puissant qui est *la vraye Amour.*

Amour divin[1] dont elle ramène la flamme & le nom jusque dans les effusions de l'amour profane, comme dans l'expression citée plus loin : « *Voz cueurs... unys par vraye amour*[2]. »

L'Épître VI du manuscrit 883 (Épître V de l'édition A. Lefranc) est de la reine Marguerite. La première lettre reçue de sa fille vient d'arracher aux yeux de la mère les pleurs qu'elle s'était défendus. Que sa fille ne la rende pas plus folle de chagrin par sa propre tristesse ; c'est assez de la tempête du ciel — elle y revient — sympathisant avec sa peine. Elle préfère se reporter aux termes par lesquels la voyageuse énonce de si doux espoirs de retour. Jusque-là elle vivra contente, pourvu que Jeanne ait obtenu ce qu'elle attend :

> *C'est de revoir celluy qu'aymer debvez,*
> *Ce que bien faire, à mon gré, vous sçavez.*
> *Et aussy tost que vostre œil & son œil*
> *S'assembleront, je n'aural plus de duell,*
> *Car de vos cueurs, je les tiens tant unys*
> *Par vraye amour & de vertu garniz,*
> *Que ce n'est qu'ung...*

Marguerite proclame elle-même le mutuel amour de sa fille & de son gendre, &, pour ne pas effaroucher cet amour, elle ne demande qu'une place discrète dans leur intimité. En ter-

---

1. Voir ci-après, au sujet de l'Ep. IX, le commentaire de ce mot & du mot *vertu*, employés par Marguerite.
2. Cf. aussi (*Marguerites de la Marguerite*, t. IV de mon édit., pp. 38, 39) ce langage de la « quatriesme Dame » dans le poème : *Les quatre Dames & les quatre Gentilzhommes* :

> « J'ay observé de vraye amour la loy,

& :

> « Au moins sera mon povre cœur content
> « De vray Amour soustenir tant & tant. »

mes touchants, elle dit qu'elle veut « loger » son cœur tout près de leurs deux cœurs, sans jamais « les garder l'un l'autre d'aprocher », ne rêvant que de servir entre eux « d'un lien ferme & cher. » Il ressort, en outre, de ces vers que Jeanne, partie de Cauterets, n'avait pu rejoindre encore son mari. — Retenons cela.

L'Epître VII du manuscrit 883 (Epître IV de l'édition A. Lefranc) est de Jeanne; elle procède par rappels symétriques des paroles de sa mère. Celle-ci, dans l'Epître IV de notre manuscrit, met en scène le ciel, les vents, &c.; Jeanne de même. Ce retard, puis cet accord du ciel qui *pleut* & de l'œil qui *pleure*, se retrouve ici[1]. La mère disait :

A mes haults crys s'accorda le tonnerre.

La fille dit :

Les haults souspirs de mon duell importable.

Et ce dernier mot, qui est aussi dans l'Epître V du manuscrit[2] : « adieu... *importable* », provient du vocabulaire usuel de sa mère. — Elle conte comment l'adieu fut pourtant allégé par un *Dieu gard* dont elle se souvint & qui suspendit ses pleurs. Mais, « hier au soir », l'absence de sa mère émut en elle des plaintes auxquelles Dieu voulut faire correspondre la désolation des astres & du ciel. Ici, une inspiration gracieuse :

Le vent cueillit, pour vous les transporter,
Les haults souspirs de mon duell importable.
Voilà comment j'euz le ciel favorable,
Ayant voulu le vent prompt & léger,
En me servant, *vous estre messager,*
Faisant oyr mes plainctz à vostre oreille.

Pour consoler sa mère & se consoler, elle ne se borne point à espérer le *Dieu gard* du retour; pour empêcher le mal phy-

1. Voir ci-dessus le commentaire des Epîtres IV & VI du msc. 883.
2. Epître III de l'édit. A. Lefranc.

sique de lui assombrir davantage l'esprit, elle prie Dieu de la guérir & de lui donner de longs jours :

> Me faire *veoir vostre centiesme année.*

De cette Epître on peut conclure, aux mélancolies de Jeanne, qu'elle est toujours privée de son mari comme de sa mère. Il semble aussi, à voir ces lettres se répondre coup sur coup, que Jeanne, par cas de force majeure, ne voyage pas très vite.

L'Epître VIII du manuscrit 883 (& de l'édition A. Lefranc), écrite par la reine, montre que Jeanne d'Albret se trouve encore loin de l'époux désiré :

> Cuydant au soir en repoz sommeiller,
> Amour me vint tout soudain esveiller
> Disant : « Escriptz & prens la plume en main,
> Sans t'excuser ny attendre à demain.
> Prendre ne peult ta fille en passience
> *Ceste trop longue & fascheuse sillence.*
> Je luy respondz quasi tout en dormant :
> *J'ay tant escript que je n'ay argument*
> Pour bien escrire. » Il me respond : *Ne cesse*
> *Jusques à ce que la pauvre princesse*
> *Soit jointe au bien que tant elle désire.*

Voilà, au naturel, la tant *écrivante* & *parlante* Marguerite, la *Parlamente* de l'*Heptaméron*. Mais elle n'est plus maintenant dans les montagnes; certains détails nous le prouvent :

> Je me levay.....
> Du papier pris, & ma plume ay dressée,
> *Et en l'allée auprès de ma fenestre*
> *Me pourmenay*, pour plus à mon ayse estre.

Le rude Cauterets d'alors n'avait point de commode *allée*; il n'y existait que des sentiers de chèvre. — Poursuivons. Elle entend un grand bruit de vent « sortant & *de fueille & de fruict* » :

> Et à leur son *les petites fontaines*
> Ont respondu, comme esgales en peynes;
> Avecques eulx *la voix de la ryviere*
> Unie estoit, par si doulce maniere
> Que j'oyois bien leur amoureuse voix.

Ce joli tableau de lieux familiers & riants, en contraste avec la sauvagerie du site & du Gave de Cauterets, ne peut désigner que Pau & son Gave apaisé, ou Nérac & sa Baïse, avec leurs fontaines & leurs jardins bien-aimés. Ici, il s'agit assurément de Pau, où le séjour de la reine est constaté en Août[1].

Elle détache son « couvre chef », sa cape à la béarnaise, pour mieux entendre. Tous ces lieux, tous ces objets qui ont connu la beauté & la vertu de la princesse, crient : *Hélas! hélas! hélas!* en déplorant la perte de sa présence, & la mère s'écrie aussi :

> ..... Hélas! mon Dieu,
> Ramene tost en ce desolé lieu
> Celle que tant ciel & terre regrette
> Et que revoir incessamment souhaitte.

L'Epître IX du manuscrit 883 (Ep. VI de l'édit de A. Lefranc), encore de la reine de Navarre, clôt logiquement & chronologiquement la correspondance, telle que la contient notre manuscrit[2]. Elle va nous fournir des détails en rapport avec la plus historique réalité. Une observation s'impose ici : c'est qu'entre ses deux Epîtres consécutives, la

---

[1]. Henri d'Albret & Marguerite passaient pour y avoir créé *les plus beaux jardinages* de l'Europe; on y voyait des eaux vives, une *fontaine des Fées*, des ombrages touffus où les rossignols ne se plaisaient pas moins que dans le parc d'Alençon. (Voir B. de La Grèze, *Le château de Pau*, &c. ouvrage cité, 5ᵉ édit., pp. 391 & suiv.).

[2]. Mais il en est une de Jeanne (l'Epître VII de l'édit. A. Lefranc) qui doit être placée la dernière, puisqu'elle est la réplique finale de la fille aux tendresses *passionnées* de la mère. (Voir ci-après.)

reine avait dû recevoir, en simple prose, des nouvelles de Jeanne lui indiquant un contre-temps, qu'elle n'aura pas eu la patience d'arranger en vers. Il faut admettre que la correspondance versifiée, écho des sentiments de chacune, ne suffisait pas pour les détails positifs, & que chaque Épître poétique était doublée d'un billet en prose plus instructif.

Les premiers vers de l'Epître IX exhalent le chagrin de la reine qui, s'étant résignée, dans l'espoir que la princesse reverrait *son mari* & que *son père* l'accompagnerait durant ce voyage vers l'époux éloigné, est reprise de tristesse en constatant le contraire :

> Si vostre tant regretté de partir
> S'est faict de moy à force consentir,
> Me remonstrant *le grant plaisir qu'avoir*
> *Vous esperez de vostre mary veoir.....*

& si je pensais *qu'avec vous vostre pere*

> *Deust achever ce voiage prospere*,

il n'en est plus ainsi, « maintenant que le contraire veoy »

> Et que je suis sans vous, & vous sans moy,
> Vous sans mary, sans pere ne sans guide[1].

Comme sa fille, Marguerite éprouve une « douleur *non pareille* »; mais elle n'aura pas moins de courage, & ce lui est un devoir de se contraindre, pour goûter seule

> L'amer morceau de ceste departie.

---

1. M. Ed. Frémy dit en note : « Ce mot *pere* ne peut être qu'une faute du copiste qui aurait dû écrire *frere* & non *pere*, ainsi qu'il le fait à trois reprises dans le cours de cette pièce, *Henri II* étant mort en 1559, avant le départ d'Elisabeth pour l'Espagne. » — Eh! il s'agit bien de Henri II & d'Elisabeth! Quelle semonce au pauvre copiste, coupable d'exactitude! Tout cela, pour n'avoir pas reconnu le *père*, Henri d'Albret; la *mère*, Marguerite d'Angoulême; la *fille*, Jeanne de Navarre, & le *mari* de celle-ci, Antoine de Bourbon-Vendôme, ce qui est, dans le texte & dans l'histoire, si limpide!

Elle s'accuse d'avoir laissé si fort paraître cet excès de « *passion* » maternelle qu'elle eût dû comprimer, au lieu d'en faire « la désolation » de sa fille[1]. C'est offenser Dieu, dit-elle, que de crier « ceste nostre tristesse. » Mieux vaut l'implorer pour la fin de l'absence douloureuse :

> Doncques pour vous, ma fille, je le prie,
> Et du profond de mon cueur je luy crie,
> Le suppliant *vous estre pere & mere*,
> Mary, amy, & qu'en ung temps prospere
> Veuille changer *cestuy remply d'ennuys*.

Elle revient sur l'idée exprimée ci-dessus, que Jeanne en ce moment est *seule, privée de tous les siens*. Derechef, elle implore le Dieu omnipotent de lui rendre *sa fille & son gendre* à la fois :

> Je le requiers, de par son crucifix,
> Qu'avec ma fille il renvoye mon filz
> Et que tous deux en santé plains de joye,
> *Avant mourir*, de ces deux yeulx revoye.

---

1. Le vers où elle jette ce *confiteor* presque repentant de sa *forte passion* est mal ponctué & corrigé dans l'édition A. Lefranc. Il convient de lire :

> « Faut-il qu'ainsi ta fille tu consolle (s),
> « Diminuant ta *forte passion*? »

C'est-à-dire : est-ce ainsi que tu remplis le devoir de consoler ta fille en atténuant ta douleur excessive ? — Et non :

> « Faut-il qu'ainsi ta fille tu consolles ?
> « Diminuant ta forte passion,
> « Donner luy veulx la desolation... »

Cf., dans les *Marguerites de la Marguerite* (t. IV de mon édit., p. 44) ces expressions de la « quatriesme Dame », dans le poème : *Les quatre Dames & les quatre Gentilzhommes* :

> « Vivant..... *de douleur violente*. »

Et :

> « Icy se tait celle que trop tourmente
> *Passion forte*. »

Dans l'*Epître de Cauterets*, elle souhaitait les revoir *avant sa mort* avec un bel enfant qui la rendrait grand'mère. Sa peine est telle, qu'elle n'énonce plus qu'un vœu : *les revoir ensemble, de ces deux pauvres yeux d'où tant de larmes ont coulé!*

En passant, remarquez l'expression :

> Or *vivez donc, & vertu vive en vous,*
> Et *en nous deux vive le Tout en tous!*

Vous y reconnaîtrez une de ses plus constantes devises. Cette *vertu*, c'est la *vérité* selon son cœur, la *vérité en Dieu*, la *vérité nue* qui, par anagramme, devient, pour Bonaventure des Periers, — jadis son féal serviteur & son poëte inspiré, — la *vertu née* & « incarnée » en elle, comme une « cinquiesme vertu cardinale » :

> *Vive Vertu* vivant en ceste vie
> ..... *Vertu née*
> De nostre temps, *divine & incarnée*[1].

& qu'il faut rapprocher du *vray amour* chanté par Marguerite & loué *dans elle* par une épitaphe extraite d'un manuscrit de la Bibliothèque nationale[2] :

> Car son esprit estant en ces bas lieulx
> Par foy ravy & conduict dans les cyeulx
> Où il alloit *le vray amour* suyvant,
> Eust de ce corps si peu de soing & cure
> Qu'il le laissa mesmes dès son vivant
> Ung vray tombeau & vive sepulture.

Redite presque textuelle de l'invocation de Rabelais en tête de son *Tiers livre*, publié du vivant de la reine (1546) :

---

1. Voir mon édition de l'*Heptaméron* (t. III, *Appendice III*, p. 415). — J'y cite, p. 398, aussi ces deux vers de Marguerite tirés du *Miroir de l'âme pécheresse* (Prologue) :

> « Mais priez Dieu, plein de bonté naïve,
> « Qu'en vostre cueur il plante la Foy vive. »

2. Le Roux de Lincy, ouvrage cité (t. I, *Appendice I*, § XII). — Voir ci-dessus un passage de mon commmentaire sur l'Ep. V, au sujet de ce *vray amour*, tant divin que profane, l'un étant comme l'image & comme l'avant-coureur de l'autre.

> *Esprit abstraict, ravy & ecstatic,*
> *Qui frequentant les cieulx, ton origine,*
> *As delaissé* ton hoste & domestic,
> *Ton corps concords.....*
> *Sans sentement & comme en Apathie :*
> Vouldrois tu poinct faire quelque sortie
> *De ton manoir divin, perpétuel?*

L'Epitre X de la série (Ep. VII de l'édition A. Leñanc, manquant au manuscrit 883) est la dernière de Jeanne d'Albret & ne sauroit précéder celle dont je viens de parler, car elle en est la réplique évidente pour le passage où la reine se taxe de *passion* excessive. Jeanne lui répond : — Oui, l'amour tourmente ce qu'il aime,

> Amour ne peult, selon son naturel,
> Se demonstrer autre que très cruel[1].

Confessons cela comme une fatalité :

> Or si vous voullez dire *l'affection*
> *De pere & filz estre sans passion,*
> Je dis que non...

En d'autres termes : — Quoi! voudriez-vous prétendre qu'*entre père & fils* (& par conséquent, *mère & fille*)[2] tout dût être *sans passion?* Non, certes! Je le sais par expérience! — Et plus bas, venant de renouveler l'expression de ses regrets, elle s'en accuse toutefois comme d'une faute, son rôle étant de ménager sa mère surchargée d'épreuves :

> Mais quoy! Je faulx par trop d'affection,
> Car vostre mal *est forte passion!*
> *N'a plus besoing qu'elle soit augmentée,*
> Et trop plus a Madame tourmentée.

Jeanne prend donc le parti d'étouffer sa peine & de ranimer le courage de la reine. Mais les vers du milieu de l'Epi-

---

1. Réplique aux aveux de la reine, que « vray amour ne se sçait pas bien faindre » & que le sien, malgré elle, torture sa fille.
2. *Père & filz*, mis là pour la mesure du vers, signifient évidemment, au sens général : *parents & enfants*.

tre nous redisent qu'elle est toujours dans l'ennui de son isolement. Elle était, en partant, soutenue par l'espoir de revoir sa mère « en bref tens », après qu'elle aurait rejoint son mari ; mais elle croit n'avoir « faict que songe » en se voyant « frustrée du plaisir » où s'élançait son « principal désir. » Elle incrimine

Les jours trop longs & les fascheuses nuictz.

Elle se remémore les temps exempts de souci, en face du *présent* qui l'accable :

Et le present me monstre triste face.

Mais que sert d'accroître les peines de sa mère ? Elle-même n'en souffrira pas moins ! Elle veut secouer sa tristesse, &, s'armant de la sagesse des vieux proverbes, elle répète « qu'après temps pluvieux »,

Le cler soleil se monstre en sa beaulté;

qu'enfin sa mère doit l'en croire, car

Vraiment un fol conseille bien un saige,

& puis, qu'« en ung mois ung bon contentement »

Faict oblier cent mil ans de tourment.

Là-dessus se termine cet échange de pensées & de sentiments, sous forme de vers qui sont parfois de la poésie.

Retombons de là dans la prose de l'histoire, & notons les concordances rigoureuses.

On se souvient qu'Antoine de Bourbon, invité par Henri II aux cérémonies de son entrée solennelle dans Paris, « ne se mit en route que vers le mois de Mai » 1549, & que « Jeanne d'Albret demeura à Pau[1] », d'où elle rejoignit sa mère aux bains de Cauterets[2]. Voici, après les indications de nos Epîtres, la suite conforme des évènements :

1. Voir ci-dessus, chap. IV.
2. Voir ci-dessus, chap. V.

« Les fêtes, dit le baron de Ruble[1], commencèrent le 10 *Juin* par le couronnement de Catherine de Médicis dans l'église de Saint-Denis[2]. » Il est donc tout simple que, *le 31 Mai, jour de l'Ascension*, — Antoine étant parti de Pau depuis quelque temps déjà, — sa femme se trouve auprès de la reine Marguerite, & que celle-ci écrive de Cauterets au duc de Vendôme, l'adjurant, tant pour elle-même qu'au nom de sa fille, de revenir *là* après les fêtes royales. Mais « *dès le 28 Juin*, Antoine avait quitté la Cour » & gagné Roissy, près Pontoise, d'où il écrit à Jeanne :

« *Je me vois* (je m'en vais) *à La Fère, chez nous, pour attendre en bonne dévotion de vos nouvelles. Je n'eusse pensé jamais vous aymer tant que je suis. Je delibere bien, ung aultre fois, quand je feré long voyage, de vous avoir tousjours avecques moy*, car tout seul je m'ennuye. Sependant, ma mye, j'acostreré la mayson, *en atendant que je sache sy viendrés ou non*. Je vous prie, cupléses au Roy nostre père le plus que vous pourés. *S'il a envye que je retourne là, mandés-le moy, & je ne fauldré incontinent partir pour l'aller trouver, ou, s'il veult que vous en veniez, partés & le plus tost que vous pourés, & faites la meilleure diligence quy vous sera possible.* Je ne m'ezcuseray plus sur le tournay pour aller au devant de vous, *car j'ay achevé & m'en voys icy, suyvant la prommesse que je vous fitz au partir de Pau pour aller chés nous*[3]... »

Dans cette lettre, le duc Antoine de Bourbon ne tient compte que des désirs & des convenances de son beau-père; de la reine Marguerite, qui l'appelait tant & tant, ni mention ni souci. Il semble pourtant répondre indirectement aux compliments de celle-ci, sur son humeur galante & les séductions de sa personne, par une protestation en règle, vers la fin de la lettre; toutes les dames de la Cour lui sont devenues *laides & fâcheuses* : « Je ne sçay, dit-il, sy c'est le doulx vent qui vient de Béarn qui en est cause », mais rien de plus vrai, & sa

1. *Antoine de Bourbon & Jeanne d'Albret*, ouvr. cité, t. I", p. 24.
2. Le 18 Juin, entrée de la reine dans Paris; le 23, début des tournois où Henri II & Antoine firent merveilles.
3. Baron A. de Ruble, *ouvrage cité*, t. I, p. 26, & marquis de Rochambeau, *ouvrage cité*, p. 17.

femme Jeanne saura — de ceux même qui avaient coutume de l'avertir quand il faisait *mal* — le *bien* qu'il fait « à ceste heure. »

On voit que si la bonne reine Marguerite espérait un peu le retour d'Antoine *auprès d'elle*, Jeanne attendait plutôt un appel de son mari, qui ne fût d'ailleurs revenu que *vers & pour Henri d'Albret.* — Cet appel conjugal eut lieu en Juillet, comme il appert de ce qui suit :

Le duc ordonne à La Fère l'état de sa maison (12 Juillet) : « *Vers cette même époque, au mois de Juillet, Jeanne s'était mise en route pour rejoindre son mari*[1]. » Le rejoignit-elle ? Nos Epîtres disent que non ; l'histoire le dit aussi. Son père devait la reconduire à la Cour de France, & Antoine aller au-devant d'elle jusqu'à Poitiers ou Cognac ; mais, en route, elle reçut avis d'un contre-temps (une expédition du roi Henri II contre les Anglais, pour la reprise de Boulogne). Antoine, obligé de suivre le roi, & dont la mère habitait La Flèche, mande à Jeanne de s'y retirer d'abord, puis de se rendre, si elle le désire, à La Fère, où était, on le sait, leur *chés nous*[2].

De là, dans nos Epîtres, ce départ empressé vers le mari, — malgré le regret de quitter une mère telle que Marguerite & si malade, — puis, ces déclarations *d'ennui en route* & *d'isolement prolongé*. Jeanne devait retrouver son mari : *elle ne le retrouve pas*. Elle devait avoir la compagnie d'un père : *son père lui manque*, le voyage de Paris n'ayant plus de but

---

1. Baron A. de Ruble : *ouvr. cité*, t. I, chap. I.
2. Cette lettre, écrite de Mouchy, 8 Août, dit : « Ma mie, je n'ay eu loisir, depuis que je suis party d'avecques vous, vous faire entendre de mes nouvelles, pour la haste que j'avois de venir trouver le Roy... & sommes ce matin party pour aller faire nostre voiage... » Cependant, il lui envoie le cardinal son frère pour la garder de s'ennuyer, en attendant qu'il revienne « bien tost »; il ajoute : « & non si tost que je le desire. » Sa mère souhaite fort que Jeanne la rejoigne à La Flèche, pendant qu'Antoine sera « dehors. » Il lui conseille d'accéder à ce vœu mais sans se croire tenue de rester *là*, si elle s'en lasse. (Voir marquis de Rochambeau, *ouvrage cité*.) — « Le roi se mit en campagne le 8 Août & arriva au camp le 23, accompagné des princes de sa maison, *parmi lesquels était Antoine de Bourbon*. » (Baron de A. Ruble, *ibid*.)

pour lui par l'absence de la Cour. Il faut que Jeanne rejoigne, *seule* avec ses gens, le but, complètement changé, de son voyage, avec la certitude pénible de ne pas rencontrer Antoine chez la duchesse douairière de Vendôme ni chez eux[1].

Conclusion : Jeanne d'Albret passa la fin de Mai 1549 & le mois de Juin entier auprès de sa mère aux bains de Cauterets, — ce qu'on ignorait — pour en repartir, au milieu de Juillet, sur l'appel de son mari, jusqu'à la rencontre duquel son père devait lui faire la conduite; mais le roi de Navarre, sur un contre-avis d'Antoine de Bourbon, rentra chez lui, & Jeanne poursuivit sa route mélancoliquement, n'ayant avec elle personne de sa famille. C'est *alors* que s'échangèrent les lettres en vers des deux princesses, mère & fille, les premières en Juillet, les dernières en Août.

IX.

En dehors de cette correspondance, la série publiée par M. A. Lefranc, contient encore trois pièces.

La première, « *Epistre... au Roy de France Henri II* » ne nous intéresse ici que par ces vers :

1° Les *jours mauvais &* les *fascheuses nuictz*,

thème copié par Jeanne d'Albret dans une de ses Epîtres précitées (p. 51) :

Les *jours trop longs &* les *fascheuses nuictz;*

2° Plus loin :

Tant qu'il sembloit que n'eussions *qu'une vie,*
Ung corps, *ung cœur, ung vouloir, une envye*[2].

La seconde pièce, adressée « *au prothenoter d'Arte* (Orthe), *Abbé de sainct Sever*[3] », à propos d'une maladie de ce serviteur fidèle de la reine de Navarre, qui fut chargé de mis-

---

1. Voir le commentaire des Epîtres VI, VIII, IX, X, ci-dessus.
2. Voir plus haut, fin du chapitre VI, & ci-après, plusieurs expressions toutes pareilles.
3. La X° dans l'édit. A. Lefranc & dans le msc. 24298.

sions diplomatiques¹, n'est qu'une causerie affectueuse & badine, étrangère aux sentiments & aux choses servant de thème aux Epitres citées ou analysées ci-dessus.

Mais la troisième pièce², « *Epistre de la Royne de Navarre à madame L'abbesse de Frontevault* », reprend l'idée maîtresse du « vray amour » traitée par Marguerite avec sa fille Jeanne. Il est donc probable qu'elle fut écrite, comme leur correspondance intime, dans la dernière partie de l'année 1549.

L'abbesse y reçoit l'hommage d'un sermon éloquent sur cet Amour céleste & créateur :

Le seul Amour qui n'a bandeau ni arc,

& qui, selon Marguerite, lui remplit le cœur d'une amour reflêtée :

De sa divine amour & vive flame.

Voilà, lui dit-elle,

Le vray pasteur de vostre petit parc

& le principe en vous de tant de vertus :

*C'est ce qui peult tout bon esprit induire
A vous aymer en Dieu & Dieu en vous.*

Voilà, bien plus que « le parentaige », le trait d'union entre les deux princesses ; car il faut savoir

*.....de quel lien
Deux cueurs en ung sont au souverain Bien
Parfaictement adjoinctz.....
Tel est ce feu par sa vertu très grande,
Que qui le sent autre bien ne demande.*

Tel est

*Ce vray amour qui à rien n'est soubjet
Et de tout bien est matiere & subjet.
. . . .
Voilà l'amour dont suys à vous lyée.
. . . .*

1. Voir Génin : *Lettres de Marguerite d'Angoulême*, t. I & II
2. La IXᵉ de l'édit. de A. Lefranc, mais la VIIᵉ du msc. 24 298, où elle figure entre une Epître de la reine & une de sa fille.

> *N'ayans nous deux qu'un frere, amy & pere,*
> *Qu'un Dieu, qu'un Christ qui dedans nous opere.*
> *Mais plus ce Dieu d'amour nous aymerons,*
> *Plus nostre amour en luy estimerons,*
> *Et plus aurons d'envye & de desir*
> *De recouvrer ensemble le loisir*
> *De conferer de ceste amour divine.*

Aussi, s'écrie la reine :

> Moy qui me voy, maulgré mon cueur, bannye
> De vostre tant honneste compaignie.
> . . . .
> *Cest amour là nous contrainct vous escrire*
> *Et ne laisser corps ny esprit oysif*
> *Pour se monstrer amour vray & nayf,*
> *En vous priant par pareil sentiment*
> *Chanter bien hault : Dieu est amour vrayment,*
> *Et amour Dieu, qui rend niepce & tante*
> *Deux cueurs en ung & chascune contante.*

Rien de plus net que ce résumé de la doctrine de notre princesse : *Dieu est amour vrayment, & amour Dieu*. Il confirme tous nos commentaires antérieurs.

M. A. Lefranc met en note : « Cette lettre est adressée, selon toute évidence, à Louise de Bourbon, fille de François de Bourbon & de Marie de Luxembourg, & *par conséquent tante d'Antoine de Bourbon, époux de Jeanne d'Albret*[1]. Elle prit le voile en 1510 à Fontevrault, fut élue abbesse en 1533, & gouverna le célèbre monastère jusqu'en 1575. C'était une femme remarquable, d'une grande élévation de sentiments[2]. »

---

1. Charles de Bourbon, duc de Vendôme, père d'Antoine, était le frère aîné de Louise.

2. Successivement abbesse d'Origny, de Sainte-Croix de Poitiers & de Fontevrault, elle avait eu pour devancières dans ce couvent ses deux tantes, sœurs de son père François de Bourbon-Vendôme : Renée, abbesse avant elle, & Charlotte, femme d'Engilbert de Clèves, duc de Nevers, qui prit le voile après la mort de son mari (fin 1506). — Génin (ouvr. cité, t. I, pp. 452, 453) reproduit une requête de Louise de Bourbon au cupide Anne de Montmorency « mon nepveu », qui retenait un « legs de pension viagère *dont il y a beaucoup de arérayges* », fait « à certaines filles et religieuses de céans » par « madame de Nevers, *ma tante, seur Charlotte de Bourbon, religieuse de ce lieu.* » Ladite lettre, datée du 28 Octobre, est rapportée par Génin à l'an 1549, ce qui suppose-

Oui, le mariage ici rappelé faisait *de Jeanne d'Albret*, — mais non de sa mère, la reine Marguerite, — *la nièce* de l'abbesse Louise de Bourbon. Et pourtant, les mots de la fin de l'Épître, *niepce & tante*, désignent certes Marguerite & l'abbesse. L'explication de « ce parentaige » *pour la reine elle-même* doit donc être cherchée ailleurs.

Marguerite d'Angoulême se rattachait aux Bourbons diversement, soit par simple alliance, soit par lien de parenté réelle ou *consanguinité*.

Ainsi, l'on sait que Charles de Bourbon, duc de Vendôme, père d'Antoine — le gendre de Marguerite — avait épousé Françoise d'Alençon, sœur du duc Charles, premier mari de Marguerite, ce qui unissait indirectement les deux familles, & *par conséquent Marguerite d'Angoulême & Louise de Bourbon*, sœur de Charles de Vendôme, chacune d'elles étant belle-sœur de Françoise d'Alençon.

En outre, François de Bourbon, frère de Charles & de Louise, était devenu, en 1535, le mari d'Adrienne d'Estouteville, sous les auspices de Marguerite, reine de Navarre depuis 1527. Or, « il y avait eu, à la fin du siècle précédent, *un mariage entre un sieur d'Estouteville & une demoiselle Louise d'Albret*. Cela établissait entre Mme d'Estouteville & la reine de Navarre une sorte de demi-parenté[1]. » C'est en faveur de ce François de Bourbon, comte de Saint-Paul, & de sa femme, que François Ier érigea la baronnie d'Estouteville en duché. (Veuve dès 1545, la duchesse d'Estouteville ne mourut

---

rait vingt-neuf ans de pension viagère, Charlotte ayant cessé de vivre en 1520! Génin se trompe, du reste, en voyant dans la signataire une « pauvre religieuse » & la légataire en question, tandis qu'elle agit *au nom des légataires* privées de leur dû, afin de n'en être pas obérée *comme abbesse*. Elle signe avec la courtoisie ultra-déférente d'alors : « Vostre bonne tante *à vous obeyr* »; mais le style est péremptoire & pressant : « Et si seray fort aise que ladicte dame defuncte *soit obeye en l'execution de son testament, pour son acquit & le vostre.* » Renée de Bourbon résigna en sa faveur les fonctions d'abbesse & mourut bientôt après (22 Octobre-8 Novembre 1533). Louise fut mise en possession de l'abbaye par procuration (2 Juin 1534), mais sacrée seulement le 9 Janvier 1535 par son frère Louis, cardinal de Bourbon, archevêque de Sens.

1. Génin, *ouvr. cité*, t. I, p. 285.

qu'en 1560.) Déjà en 1368 une Marguerite de Bourbon, fille du duc Louis II (branche aînée), était mariée au vicomte de Tartas, Arnaud Amanieu, *sire d'Albret*[1]. Enfin, par une bizarre complication, Charles, bâtard de Bourbon, qui fut la tige des Bourbon-Lavedan, *cousins irréguliers, mais très authentiques, de la reine Marguerite*, se trouvait être le fils naturel de Jean II, duc de Bourbon & d'Auvergne, connétable de France, *& de Louise d'Albret, dame d'Estouteville*[2]. — Voilà plusieurs nœuds de famille, & l'on conçoit que les étroites relations de Marguerite avec Louise de Bourbon & tous les Bourbon-Vendôme, issus de la branche aînée par les Bourbon-La-Marche, ne dataient pas du mariage de Jeanne d'Albret avec Antoine de Bourbon en 1548.

Mais voici mieux encore : entre Louise de Bourbon ou sa race & la reine Marguerite, en dehors des alliances plus ou moins proches & des bâtardises, il existait bien ce lien de *sang* qu'elle signale en ses vers :

> L'homme charnel *voiant le parentaige*
> *D'entre nous deux*, dira son vieulx langaige :
> *C'est que le sang me contrainct desirer*
> *Vostre presence*[3]......

1. Voir Génin, *ibid.*; Dussieux, *Généalogie de la Maison de Bourbon* (Paris, Lecoffre, 1869), p. 4, & le P. Anselme, t. I et VI.

2. Jean II eut une sœur cadette, Marguerite, qui, devenue duchesse de Savoie, fut *la mère de Louise de Savoie & l'aïeule de Marguerite d'Angoulême & de François I*[er]. Louise de Savoie & le bâtard Charles étaient donc cousins germains, & le fils du bâtard Charles, Jean ou Gensane de Bourbon, vicomte de Lavedan, était *cousin issu de germain* du roi François Ier & de la reine Marguerite ; ce qui explique suffisamment pourquoi celle-ci affectionnait particulièrement le vicomte Gensane, nommé dans ses lettres, souvent employé par elle, & qu'elle maria en 1539 avec sa jeune favorite, Françoise de Silly (fille de la *dame de Longray*, une des devisantes de l'*Heptaméron*, dont j'ai démasqué la personnalité cachée sous le nom de *Longarine*), après la mort de Frédéric d'Almenesches, son premier époux (fils de l'*Infant de Navarre*, grand-oncle d'Henri d'Albret). — Voir le P. Anselme, *Hist. généalogique*, t. I; Génin, ouvr. cité, t. I, pp. 389, 391, 458; baron A. de Ruble, *Le mariage de Jeanne d'Albret*, p. 100 (note), & mon édition de l'*Heptaméron*, t. I (Introd., pp. CLXVI-CLXVIII).

3. Ép. IX précitée de l'édition A. Lefranc.

Le tableau ci-après fait ressortir clairement leur cousinage[1] :

AUTEUR COMMUN :

1. Louis Ier, duc de Bourbon (m. 1341).

Branche aînée.	*Branches cadettes.*
2. Pierre Ier, duc de Bourbon (m. 1356).	— Jacques Ier, comte de la Marche (m. 1361).
3. Louis II, d° (m. 1410).	— Jean Ier, comte de la Marche & de Vendôme (m. 1393).
4. Jean Ier, duc de Bourbon & d'Auvergne (m. 1433).	— Louis de Bourbon, comte de Vendôme (m. 1446).
5. Charles Ier, d° (m. 1456)	— Jean II, d° (m. 1477).
6. Marguerite de Bourbon (m. 1483), mariée en 1472 au duc de Savoie, Philippe II [1].	— François, comte de Vendôme, de Saint-Paul, &c. (m. 1495)
7. *Louise de Savoie* (m. 1531), mariée en 1488 au comte Charles d'Angoulême, mort en 1496 (ramage de Valois-Orléans).	— *Charles de Vendôme* (m. 1537), époux, en 1513, de Françoise d'Alençon, morte en 1550 [2].
8. *Marguerite d'Angoulême* (m. 1549), épouse *en premières noces* du duc Charles d'Alençon (m. 1525), & *en secondes noces* (1527) du roi de Navarre Henri d'Albret.	— Antoine, duc de Vendôme, puis roi de Navarre, prince de Béarn, &c. (m. 1562); époux, en 1548, de Jeanne d'Albret, fille de Marguerite d'Angoulême & de son second mari, héritière de Navarre par la mort d'Henri d'Albret (1555).

1. Elle avait pour frères Jean II & Pierre II, derniers ducs de Bourbon & d'Auvergne, de la branche aînée, fils & héritiers de Charles Ier.

2. Parmi les frères & sœurs de Charles de Bourbon, noter : — *François*, comte de Saint-Paul, puis duc d'Estouteville (m. 1545); — *Louise de Bourbon* (m. 1575).

1. V. L. Dussieux. ouvr. cité, 1re partie, chap. I à III.

La race de Bourbon-Albret, qui monta sur le trône de France avec Henri IV, fils d'Antoine de Bourbon-Vendôme, était doublement *de Bourbon*, & par Antoine lui-même, *issu d'une branche cadette*, de mâle en mâle, & par l'ascendance féminine de Jeanne d'Albret, de Marguerite d'Angoulême & de Louise de Savoie, *issues de la branche aînée de Bourbon*, comme cette race était, par ailleurs, *de Valois-Orléans*, en raison de l'ascendance masculine de Charles d'Angoulême, père de François Iᵉʳ & de sa sœur Marguerite.

Pour revenir au cousinage de celle-ci avec *Charles*, duc de Vendôme, *François*, comte de Saint-Paul, & *Louise de Bourbon*, comme la reine de Navarre était plus éloignée qu'eux de l'auteur commun — un degré au-dessous — elle pouvait les dire *ses oncle & tante*, par vieil usage de courtoisie & par extension de la *mode de Bretagne* suivant laquelle le cousin germain ou la cousine germaine du père ou de la mère prend cette qualification.

Le mariage Bourbon-Estouteville en 1535 ne fit que resserrer ces liens, & comme Louise de Bourbon avait reçu peu auparavant le titre d'abbesse de Fontevrault, notre Marguerite eut d'autant plus occasion de la visiter en parente & de lui demander hospitalité dans ce lieu où l'une de ses belles-sœurs portait le voile entre 1527 & 1531 [1]. — Quand la reine de

---

1. Abbesse de la Sainte-Trinité de Caen après la mort d'Isabelle de Bourbon (Juillet 1531), elle y serait décédée en Novembre 1532. — V. Le Roux de Lincy, ouvr. cité (t. II, pp. 447-448); le *Gallia christiana* (t. XI, col. 285 & 436) & Génin, ouvr. cité (t. I, p. 37 de sa Notice). Elle se nommait *Catherine*, selon le *Gallia christiana*, le P. Anselme & Génin, — *Madeleine*, selon Le Roux de Lincy qui reporte Catherine ailleurs & absorbe en elle *Quitterie* (même nom sous une autre forme) titrée par le *Gallia* comme abbesse de Montivilliers dès 1528, vivante en 1536. Mais si, dans l'*Heptaméron* (Nouv. XXII) de la reine de Navarre, il est parlé *distinctement* « des abbesses de Montivilliers & de Caen, ses belles sœurs », dans ses *Lettres* (t. I) écrites d'Argentan & de Caen (1534), elle dit, page 290 : « J'ay trouvé icy à mon retour *madame Katerine, ma sœur*, que je menay icy pour la guérir... me pressant de retourner en son monastère », & p. 291 : « Parquoy m'en estois venue à Caen voir madame Katerine. » Ceci tranche la question : l'abbesse de Caen, l'ancienne religieuse de Fontevrault, est bien

Navarre (Février 1546) se sépara de François I*er*, « en quittant le roi elle alla visiter sa fille au Plessiz-lez-Tours, puis, *après avoir donné quelques jours à la retraite dans l'abbaye de Fontevrault*, elle regagna son pays de Béarn [1]. » Parmi les secours & les subventions consignés au registre de Jehan de Frotté, on relève en 1541 l'entretien des filles du sieur de la Motte, « religieuses *à Fontevrault* & Beaumont [2]. »

La reine Marguerite se trouvait là en pays de connaissance & de famille, & plus d'une joie passée y revivait pour elle, aux heures d'isolement & de souvenir.

Il n'est donc pas étonnant que sa pensée l'y ramenât en cette année 1549 où, ayant vu repartir sa fille, puis habité *le château de Pau jusqu'à la fin du mois d'Août*, elle abandonna l'administration de ses biens pour se retirer *au château d'Odos en Bigorre*, & s'y recueillir, avant de mourir, dans le quatrième mois de cette retraite vouée aux regrets & aux tristes méditations de sa vie déclinante, hors de la présence de son mari, de sa fille & de son gendre, malgré tant de vœux de réunion avec celle-ci & Antoine de Bourbon, près du moment suprême !

X.

L'ouvrage de M. de Ruble nous renseigne sur tous ces personnages. J'ajouterai quelques traits intéressants.

Tandis qu'Henri d'Albret continuait ses menées contre l'Espagne, Jeanne & Antoine se tenaient au loin. Antoine, après avoir quitté subitement & mystérieusement l'armée de

---

Catherine, & la vingt-huitième abbesse de Montivilliers ne saurait être que la *Madeleine* du P. Anselme, & non *Quitterie*, la « Quiteria » du *Gallia christiana*, doublet de Catherine. De plus, celle-ci, abbesse de Caen, n'était pas morte *en* 1532, puisque la reine Marguerite la certifie vivante *en* 1534. D'autre part, l'abbesse qui lui succéda — Marguerite Valois, noble normande — *n'apparaît pas avant* 1539. Donc le *Gallia* doit avoir ici embrouillé les dates, non moins que les noms & les titres.

1. Comte H. de La Ferrière-Percy, *Marguerite d'Angoulême*, &c., ouvr. cité, pp. 95, 96.
2. *Ibid.*, p. 51.

Boulogne en Septembre, au moment où Henri d'Albret opérait des mouvements de troupes en Béarn & préparait un coup de main par mer contre les Impériaux, avait pu se diriger, selon moi, vers le Midi *par le Lyonnais;* je crois relever un indice *ad hoc* en certain incident littéraire qui se rattache aux noms de ce prince & de la reine Marguerite.

Marguerite, quoique de plus en plus faible & plongée dans ses spéculations mystiques, restait fidèle aux goûts de toute sa vie & recevait les hommages accoutumés de ses clients, poètes ou artistes. Pendant que le duc de Vendôme revenait de Boulogne, Antoine du Moulin, « Masconnois, Valet de chambre de la Royne de Navarre », ainsi qu'il s'intitulait, bien qu'attaché depuis 1544 aux impressions du grand imprimeur-libraire de Lyon, Jean de Tournes, publiait chez celui-ci une superbe édition des œuvres de « maistre Jean le Maire de Belges » : *Les Illustrations de Gaule & singularitez de Troye*, etc. », avec une Épître liminaire de sa façon : « *A tres illustre, tres haut & tres vertueulx Prince, monseigneur Antoine de Bourbon Duc de Vendosme* », datée « *de Lyon, ce dernier jour de Septembre MDXLIX* », où Du Moulin rappelait les mérites & les poésies de la reine Marguerite, belle-mère du duc, la grâce qu'elle lui avait faite de l'inscrire au nombre de ses serviteurs, & lui offrait, ainsi qu'au duc lui-même, ce fruit de ses labeurs, en témoignage de dévouement & de respect[1]. Ne faut-il pas voir dans cette Dédicace au duc Antoine l'initiative de Marguerite, par une attention délicate envers ce gendre qu'elle voulait se concilier par tous les moyens ?

Peu après, le roi de France, désapprouvant le zèle intempestif d'Henri d'Albret, lui écrivait le 15 Octobre, de Folembray, pour l'empêcher de troubler, par une malencontreuse diversion, les opérations heureuses du siège de Boulogne, & lui renouveler l'invitation de venir le rejoindre, ce qui probablement arrêta net le duc Antoine dans ses velléités d'action commune avec le roi de Navarre.

---

1. Voir *Ant. du Moulin... Étude biographique & littéraire*, par A. Cartier & Ad. Chenevière. Bibliographie, p. 59. (Paris, A. Colin, 1896, in-8°.)

Pour Marguerite, les Epîtres précitées prouvent clairement que, si elle était au château de Pau le 31 Août 1549, & si elle y donnait un dernier ordre — ce que consigne le registre de J. de Frotté & rien de plus [1] — avant de céder au mal & de délaisser la direction de ses affaires, elle avait employé l'intervalle de *Mai-Juin-Juillet* — sur lequel son registre ne dit rien — aux bains de Cauterets. Jeanne ayant quitté les eaux après la mi-Juillet, on peut croire que la reine Marguerite regagna Pau vers la fin de ce mois, & qu'elle y passa conséquemment tout le mois d'Août. De là elle s'en fut chercher un repos complet au château d'*Odos en Bigorre*, un de ses domaines préférés depuis quelques années, & si proche de Tarbes qu'il fait aujourd'hui partie du canton Sud de la ville [2]. Brantôme dit, en sa série *Des Dames* [3], qu'elle s'en alla au château d'*Audaus en Béarn* [4], & son diligent éditeur, M. Ludovic Lalanne, adopte cette version, en se fondant sans doute sur les souvenirs que tenait Brantôme de sa mère Anne de Vivonne & de son aïeule Louise de Daillon, dames d'honneur de la reine de Navarre. Mais Brantôme, quoique renseigné dans l'ensemble & pour force anecdotes & traits de mœurs, est si souvent inexact dans le détail des choses, qu'il semble hasardeux de le suivre ici, quand il existe de si bonnes raisons de garder l'opinion accréditée au sujet de l'endroit où s'enferma la reine Marguerite. Il écrit simplement, & sans insister, sans même avoir l'air de connaître au juste la date de la mort de Marguerite d'Angoulême : « Elle mourut *en Béarn, au chasteau d'Audaus*, au moys de Décembre, l'an 1549. » Brantôme, auquel ce nom rappelait un personnage connu de la Cour de Navarre, Arnaud de Gontaut, *seigneur d'Audaux*, estafette d'Antoine de Bourbon, favori de Jeanne d'Albret, sénéchal de

1. Voir comte H. de La Ferrière-Percy, *ouvr. cité*, p. 135.
2. Voir ci-après, pp. 70, 71.
3. Voir *Œuvres complètes de P. de Bourdeille, seigneur de Brantôme*, édit. de la Société de l'hist. de France, par M. Lud. Lalanne, t. VIII, p. 123.
4. « *Audaux*, dans les Basses-Pyrénées, arrondissement d'Orthez, & non *Odos en Bigorre*... La phrase de Brantôme ne laisse aucun doute à cet égard. » (Voir *ibid.*, note.)

Béarn [1], & qui se représentait de préférence la reine Marguerite dans ses États béarnais, aura cru, sans autre réflexion ni vérification, qu'il s'agissait de ce lieu. Le sire d'Audaux, mari de Jeanne, — fille de Frédéric de Foix, grand écuyer de Navarre, — tint en effet un rôle important dans l'entourage des souverains du Béarn & principalement de Jeanne d'Albret. « Il fut, dit Bordenave, lieutenant du Roy au païs de Béarn [2]. » Mais, si fidèle serviteur que Marguerite pût le considérer, on ne conçoit guère que la reine, trop fatiguée, trop malade pour supporter le séjour de Pau, avec le poids des affaires, *auprès de son mari*, & voulant s'isoler de tous, excepté de ses plus indispensables familiers, eût choisi de s'établir *chez autrui*, au lieu de s'installer *chez elle*, dans cet Odos en Bigorre où elle se préparait une retraite depuis plusieurs années [3], sur le chemin direct de Saint-Savin & de Cauterets, où la reine devait espérer retourner au printemps de 1550. Là, presque dans sa cité de Tarbes, capitale de la Bigorre, elle voisinait au besoin, depuis 1542, avec l'évêque Louis de Castelnau, son protégé, allié aux Gramont [4] & partisan de ses tendances religieuses.

1. Voir *Lettres d'Ant. de Bourbon & de Jehanne d'Albret*, ouvr. cité : Table (art. *Audaus*) & p. 137 (note).

2. *Hist. de Béarn & de Navarre*, par Nicolas de Bordenave (1517-1572), ouvr. cité. Voir la Table (art. *Audaux*) & p. 110 (note). — Il est désigné là sous le prénom d'*Armand*.

3. « Le 1ᵉʳ Octobre (1541) nous la retrouvons dans le château de Pau ; *c'est de là qu'elle donne l'ordre de réparer sa maison d'Odos en Bigorre, récemment acquise, & d'y faire alentour quelques plantations.* » (Comte H. de La Ferrière-Percy, ouvrage cité, p. 53.) — Le même auteur raconte (p. 137) qu'après Août 1549 « elle était venue habiter *sa maison d'Odos en Bigorre.* »

4. Quels sont, du temps de la reine Marguerite, ai-je dit en mon *Étude d'histoire pyrénéenne*, les évêques de Tarbes ? « C'est Gabriel de Gramont, 1524-1534, cardinal en 1531, écrivain & homme d'État, négociateur, avec Marguerite, du traité de délivrance de François Iᵉʳ en 1525 ; ce sont ses neveux, Antoine & Louis de Castelnau de Tursan, sous l'égide desquels la doctrine de G. Roussel s'introduisit dans le pays. » (On sait que c'était une espèce de luthéranisme mitigé.) — Antoine de Castelnau, fils de Louis, seigneur de Castelnau-en-Tursan, & de Suzanne de Gramont, successeur de Gabriel de Gramont (1534-1539), avait

Et puis, tandis que nulle part elle ne parle d'*Audaux* en *Béarn*, elle cite, dans une des dernières Nouvelles de l'*Hepta-méron* qu'elle ait écrites (Nouv. LXIX), son Odos : « *Au chasteau d'Odoz en Bigorre* ¹... »; & cette Nouvelle vient presque aussitôt après celle (Nouv. LXVI) qui commence ainsi : « L'année que *Monsieur de Vendosme espousa la princesse de Navarre... les Roy & Royne, leur pere & mere, s'en allèrent en Guyenne avecq eulx*, etc. » Ceci se passait vers le début de l'année 1549. (Marguerite compte selon l'ancien style, les premiers mois *avant Pâques*, comme continuation de l'an 1548.) C'est donc après avoir composé & classé cette histoire *de* 1549 que Marguerite en rédige une autre : « *Au chasteau d'Odoz en Bigorre*, &c. », comme si le château qu'elle habite lui re-mémorait l'anecdote.

Enfin, tandis que l'*Audaux* béarnais (canton actuel de Navarrenx), sur le Gave d'Oloron, s'écartant de Pau vers l'Ouest, ne l'eût menée vers rien — puisque la route des Eaux-Bonnes & des Eaux-Chaudes est bien plus bas, au Sud-Est — l'*Odos bigourdan*, comme la terrasse de Pau, mais avec plus d'intimité,

---

eu pour maître le docte Jean de Boyssone, docteur régent & professeur de Droit de l'Université de Toulouse, protecteur d'Etienne Dolet & ami de Rabelais, emprisonné & menacé du bûcher — où avait péri Jean Caturce — par l'Inquisition de Toulouse, 1532-1533. (Voir sir R. C. Christie, *Etienne Dolet... sa vie & sa mort*. Paris, Fischbacher, 1886, in-8°, — ch. v, p. 81, &c.) — Son frère Louis de Castelnau, évêque de Tarbes après lui, « était dévoué à Marguerite de Valois, *qui vint finir ses jours dans son diocèse, au château d'Odos.* » (B. de La Grèze, *Hist. religieuse de la Bigorre*, ouvr. cité, p. 126.) L. de Castelnau serait mort, selon l'article du *Gallia Christiana*, juste le 1ᵉʳ Septembre 1549; mais on n'y cite point d'acte concernant *la vacance du siège épiscopal* avant le 10 avril 1552, & M. B. de La Grèze place le décès du prélat *en* 1551. On doit plutôt l'en croire que le *Gallia Christiana*, qui ne paraît pas très sûr de sa date, relatée, y est-il dit avec circonspection, *d'après nos tablettes*, « ex schedis nostris », & qui, d'ailleurs, omet de spécifier — entre les deux frères Antoine & Louis — un évêque intermédiaire, Jean Dumont, découvert par M. B. de La Grèze, & en fonctions dès 1539.

1. Elle écrit *Odoz* & non *Audos*, comme Le Roux de Lincy, qui dit en son Introduction (Vie privée de Marg. d'Angoulême) : *Audos* « *en Bigorre* », par une sorte de compromis avec l'*Audaux en Béarn* de Brantôme.

lui laissait voir en ligne horizontale, striée de pics altiers, la chaîne grandiose de ses chères Pyrénées.

M. Paul Perret, dans une page très jolie & très vraie de son ouvrage *Les Pyrénées françaises*[1], montre le site lui-même & l'harmonie de ce site avec l'état d'âme de la reine Marguerite. Achevant la description de Tarbes par le tableau de l'Hippodrome, il s'exprime de la sorte : « C'est le premier du Midi, l'un des premiers de France, & sûrement le mieux encadré : *les monts forment la toile de fond*. Tout près, vous rencontrerez le village de Laloubère. *Montez encore, vous atteindrez le dernier coteau du chaînon qui s'avance au-dessus de la plaine; là est Odos*. En 1549, Marguerite de Navarre y mourut. En 1547, elle avait perdu son frère & « son dieu » François Ier... Marguerite avait dû céder à la force en mariant sa fille unique, cette Jeanne d'Albret si rude, si pédante, qui avait des manières viriles & une âme de sectaire, & qui lui ressemblait si peu. Le mari, c'était Antoine de Bourbon, un grand prince qui... n'avait pas reçu son lot de cervelle humaine. Privée désormais & désabusée de tout, l'aimable reine quitta son château de Pau, qu'elle avait fort embelli, & vint s'enfermer à Odos. *De ce promontoire qui portait le château, la vue sur les monts est bien plus saisissante qu'elle ne l'est d'en bas; les plans se détachent & la masse s'anime. La pauvre reine malade avait donc le plaisir des yeux;* elle essayait de penser, d'étudier & d'écrire; mais il lui fallait un double aliment, & la moitié seulement de cette âme curieuse & tendre était encore satisfaite; l'autre moitié se consumait de langueur & de regrets : *elle n'avait plus personne à aimer*. Rapidement elle s'éteignit. »

Il aurait fallu dire : — *elle n'avait plus personne qui l'aimât*, alors qu'elle tâchait d'aimer encore & d'être aimée. Souvenons-nous de son mari avec qui, volontiers, elle ne fût jamais retournée en 1548, & de sa fille qui ne tenait compte de sa mère[2].

Quand elle se détourna du monde pour se cloîtrer là, Nérac même & sa *Garenne*, au bord fleuri de la Baïse, ne la tentaient plus, & elle avait cessé d'espérer le retour si ardemment im-

---

1. Paris, Oudin, 1884, gr. in-8° illustré (t. III, p. 31).
2. Voir ci-dessus, chap. Ier.

ploré de celle que retenait au loin l'amour d'un époux jeune
& frivole.

En sortant de Tarbes, on gagne Odos par une route départementale « qui coupe en deux parties l'ancien domaine de la reine de Navarre. Elle traverse le village... jadis... groupé au pied du château » sis à droite, aujourd'hui entièrement disparu, & « laisse à gauche l'église, qui fut la chapelle, & les restes des jardins... refaits au dix-septième siècle. » De ces jardins classiques une charmille subsiste, où « rien ne rappelle plus Marguerite[1]. » Mais l'horizon des Pyrénées évoque pour nous, inaltérablement, le souvenir de la noble reine au cœur si profond de femme & de poète !

Lorsque Marguerite expira, le 21 Décembre 1549, elle souffrait d'un refroidissement qu'elle avait pris en contemplant la comète où la crédulité générale voyait un prodige en rapport avec la mort récente du pape Paul III (10 Novembre). La bouche lui vint de travers & son médecin Escuranis la fit coucher. Dans une Epitaphe de la reine, datée de 1549[2] & ne figurant pas parmi les pièces du recueil intitulé le *Tombeau de la Royne de Navarre*[3], je relève cette allusion biblique & mystique au phénomène de la comète :

> Aussy pour vray, lorsque l'esprit partit
> Hors de ce corps qui fut tant charitable,

---

1. « Odos fut habité longtemps par ses nouveaux seigneurs, de la maison de Lassalle, à qui Henri IV avait donné en fief ce morceau de l'héritage de son aïeule, en leur imposant une redevance bien légère, celle d'un épervier à chaque mutation de vassal ou de seigneur. » (Paul Perret, *ibid.*, p. 32.)

2. Voir *Bibl. nat.*, mst. franç. 1522 & 24,298. — Le Roux de Lincy, dans son Edit. de l'*Heptaméron* (T. 1ᵉʳ, *Appendice I*, § IX) reproduit, d'après le premier de ces mss., le texte de l'Epitaphe, dont l'auteur est, selon toute évidence, celui qui inscrivit son nom en tête dudit msc. : *Philander*, c'est-à-dire *Guillaume Philander* ou *Philandrier*, natif de Châtillon-sur-Seine, mort à Toulouse (1505-1565), érudit illustre, commentateur de Quintilien & de Vitruve, architecte de haute valeur, émule des Sébastien Serlio & des Bramante, ami de Rabelais, commensal du cardinal Georges d'Armagnac, & protégé de la reine de Navarre, qui se fit prêtre & devint archidiacre de la cathédrale de Rodez.

3. Paris, Vincent Sertenas, 1551, pet. in-8°.

*Le ciel sacré en deux se départit,
Par quoy l'on veit une chose admirable :
Car Dieu ainsy que ung feu espoventable
Dessus le dos eut de descendre envie,
Pour celle avoir qui luy fut agreable
Autant ou mieulx que Henoc, Jehan ou Helye.*

Brantôme déclare avoir ouï tenir par sa mère un propos d'après lequel Marguerite, avertie de sa fin prochaine, aurait trouvé ce mot « *fort amer* » ne se jugeant point « tant surannée qu'elle ne pust encore bien vivre quelques années ». Il se trompait, ou sa mère n'avait pas bien compris les paroles prononcées par Marguerite, non pour attester ses terreurs ou ses répugnances devant l'image de la mort, mais pour relever la confiance & arrêter les pleurs de ceux qui la soignaient : « Son courage ne faiblit pas », dit le comte H. de La Ferrière-Percy, plus juste que Brantôme & Le Roux de Lincy — induit en erreur par lui — « elle eut des paroles d'encouragement pour tous ses serviteurs qui fondaient en larmes[1]. » Certes, Marguerite, philosophiquement & pieusement curieuse de l'*au delà*, se préoccupait de la mort. Le digne Charles de Sainte-Marthe rapporte que, dans cette période ultime, elle vit en songe « une très belle femme tenante en sa main une couronne de toute sorte de fleurs, qu'elle luy monstroit, & luy disoit que bien tost elle en seroit couronnée.[2] » Est-ce là de la peur, ou n'est-ce pas, bien plutôt, une aspiration au Ciel qu'elle espérait, comme le proclament & l'ensemble de sa vie, & l'ensemble de son œuvre, & par-dessus tout ses dernières poésies spirituelles[3] ? Dans une épitaphe latine, reproduite par le comte H. de la Ferrière-Percy[4], on lit que les médecins,

---

1. *Marguerite d'Angoulême*, ouvr. cité, pp. 137, 138.

2. *Oraison funèbre*, p. 104. Voir Le Roux de Lincy, ouvr. cité : *Introd.* (Vie privée de Marguerite d'Angoulême.)

3. Voir comte H. de La Ferrière-Percy, ouvr. cité, pp. 136, 137, & les *Marguerites de la Marguerite des Princesses* (Chansons spirituelles, &c).

4. Voir *ibid.*, pp. 137, 138, en note.

quoique des meilleurs, n'avaient pas prévu sa mort, & qu'elle-même n'y croyait pas :

> *Nec se crediderat tam breviter mori,*
> *Verum se incolumem suis*
> *Regina impavido pectore dixerat.*

Mais la fin révèle que, plus réellement, *elle disait n'y pas croire, la reine au cœur intrépide*, pour rassurer les siens.

« Un cordelier, frère *Gilles Caillau*, l'assista dans ses derniers moments & lui administra l'extrême-onction. » Qu'inférer de là ? Rien de catégorique au sujet des opinions religieuses, si controversées, de la reine de Navarre. Ce confesseur, Caillau, était un obscur cordelier, mais peut-être un de ses affidés & confidents, si *Louis Caillau* ne fait qu'un avec frère *Gilles*, ou si l'un fut le parent de l'autre[1]. On sait que ce diocèse était déjà travaillé par la Réforme. On sait que là, comme aux pays de Pau et de Nérac, comme par tout lieu propice, mais avec plus d'autorité sur ses propres domaines, Marguerite se comportait en patronne des *nouveautés* hétérodoxes, des *prêches* & des *comédies* semi-édifiantes, semi-satiriques, où, dans l'asile de son palais, s'évertuaient & Gérard Roussel & le fameux carme de Tarbes, Solon, acharné contre la *gent papiste*[2]. Mais, contradictoirement, on sait que la reine Marguerite, malgré sa large tolérance, malgré ses complaisances même pour ces doctrines, ses essais de messe simplifiée *en sept points* & ses hardiesses de langage, n'avait jamais *abjuré* ostensiblement & définitivement, comme le fit plus tard

---

1. Voir *ibid.*, p. 138. — L'auteur note, d'après le registre de J. de Frotté, que « frère *Louis Caillau* » Franciscain, fut chargé d'une mission par la reine en 1546. — L'assertion concernant *Gilles Caillau* provient d'ailleurs de Florimond de Ræmond, cet hérétique rentré dans le giron du catholicisme, auteur d'un livre curieux, mais très partial : « *L'histoire de la naissance, progrez & decadence de l'heresie de ce siècle...* » (Voir chap. IV.) Paris, 1605, & Rouen, J.-B. Berthelin, 1623, in-4°.

2. Voir p. 65, ci-dessus, & B. de La Grèze : *Histoire religieuse de la Bigorre*, ouvr. cité, & *Le Château de Pau & le Béarn*, (5ᵉ édition, chap. V, pp. 112 & suiv., d'après Florimond de Ræmond, etc. — Voir l'ouvr. cité de celui-ci, ch. III.)

sa fille Jeanne d'Albret, les rites & pratiques du catholicisme[1].
L'essentiel pour elle c'était ce *for intérieur* où réside la *vertu
vive*, le *vrai amour* qu'elle ne cessa d'exalter[2] ; ce *for intérieur*
qui échappe aux formules & au cérémonial du culte. Il serait
donc téméraire de rien préjuger sur cette attitude extérieure
de la *Marguerite des Princesses*, — plus soucieuse de Dieu que
des Eglises — quant au secret subtil de son âme, si ce n'est
qu'elle paraît y avoir fondu ainsi qu'en un creuset, au feu du
mysticisme, toutes les dissemblances du christianisme.

Henri d'Albret, tiraillé entre ses divers intérêts & les invitations du roi de France, était enfin parti pour Paris vers le mi-

[1]. Aussi le pape Paul IV qualifie-il Jeanne de « *fille pire que sa
mère* ». (Lettre de Babou, évêque d'Angoulême, ambassadeur à Rome,
17 Août 1559, citée par le baron de Ruble : *Ant. de Bourbon & Jeanne
d'Albret*, t. II, ch. VI.) Mais le mot du pape ne prouve guère en faveur
de l'orthodoxie de la reine Marguerite. MM. A. Cartier & Ad. Chenevière, parlant, d'après M. Buisson (*Séb. Castellion*, Paris, 1892, t. I,
p. 51) des humanistes français de la Renaissance qui ne furent *ni catholiques ni luthériens* — ajoutons : *ni calvinistes* — disent en excellents
termes : « *A l'exemple de Marguerite d'Angoulême, leur inspiratrice &
leur modèle*, ils auraient voulu simplement la renaissance de la religion
comme celle des lettres, la *reformatio intra ecclesiam*, le double triomphe
de la piété & de la science, des classiques & de l'*Evangile*, les paroles
du Christ, comme celles d'Homère, de Virgile & de Platon, *rendues à
leur pureté primitive & mises à la portée de tous.* » (Voir *Ant. du Moulin*,
ouvr. cité, p. 24.) N'est-ce point justement le contraire de la doctrine
catholique & l'équivalent, pour les orthodoxes, de toutes les hérésies
étiquetées? Florimond de Ræmond écrit de Gérard Roussel : « ... *& se
disoit tousjours Catholique*, protestant par ses lettres & par ses propos
qu'il n'estoit ny Lutheriste ny Zuinglien, mais Rousseliste ». Et il ajoute,
non sans logique : « Il est loisible à chacun *de bastir une religion de sa
teste, l'alonger & l'acourcir à son pied*... S'il est permis à Roussel, pourquoy non à Calvin ? S'il est loisible à Calvin, pourquoy non à Servet?
Chacun voudra tenir ses advantages, *forger sa Religion...* » (Ouvr. cité,
chap. III.) Voilà, en somme, le cas de Marguerite d'Angoulême, cas
d'hérésie *latent*—qu'on eût bien su atteindre, si elle n'eût possédé, avec
le titre de reine, celui de sœur de François Ier — & condition suspecte
qui ne la rendait pas plus acceptable pour Calvin que Roussel lui-même, puisqu'elle n'était, en fin de compte, la brebis d'aucun troupeau.

[2]. Voir pp. 43, 49, 50, 55, 56 ci-dessus.

lieu de Décembre — du 10 au 18¹ — afin de soutenir en Parlement un procès de succession (la succession de Claude de Foix, épouse de Charles de Luxembourg, seigneur de Martigues, décédée sans enfants, dont il revendiquait en partie l'héritage.) Il n'avait pas encore atteint le terme du voyage, quand la reine Marguerite tomba dangereusement malade. Aussitôt il rebroussa chemin, mais il ne put arriver pour recevoir le dernier soupir de la reine ².

Il lui fit faire des funérailles pompeuses (10 Février 1550) dans l'église de Lescar ; après quoi il reprit son voyage de Paris.

La duchesse douairière de Vendôme s'éteignait le 14 Septembre 1550.

Un an après la mort de la reine Marguerite, sa fille devenait grosse, & en 1551, au cours de la campagne de Picardie, où Antoine & elle s'aimaient si fort³, —conformément aux vers que nous avons commentés, — Jeanne d'Albret accouchait à Coucy (21 Septembre) de son fils aîné, le duc de Beaumont. Ce fils, que la reine de Navarre eût embrassé avec un tel bonheur, fut enlevé prématurément le 20 Août 1553. Pour sa deuxième grossesse, Jeanne alla accoucher en Béarn. Le second fils qu'elle mit au monde, à Pau, le 14 Décembre 1553⁴, devait être notre Henri IV. Un troisième fils, le comte de Marle, né le 19 Février 1555, ne vécut guère.

---

1. Baron A. de Ruble, *ouvr. cité*, p. 35. — Le 15 me semble la date extrême; car la maladie finale de Marguerite dura huit jours, selon Brantôme ; or, Henri d'Albret n'en savait rien lors de son départ, & la reine était morte le 21.

2. Baron A. de Ruble : *ibid.*

3. Voir le même, *ouvr. cité*. t. Iᵉʳ, ch. Iᵉʳ.

4. Date fixée par M. B. de La Grèze. (*Le Château de Pau*, etc., ouvr. cité, pp. 176, 177) d'après le registre de l'évêque d'Oloron & le texte primitif de l'acte de naissance. Le baron de Ruble, non seulement dans son livre *Antoine de Bourbon & Jeanne d'Albret* (t. Iᵉʳ, p. 79, note), mais dans un mémoire spécial (Appendice III, pp. 379-380, du t. Iᵉʳ de son édition de l'*Hist. universelle* d'Agrippa d'Aubigné, publié en 1886), adopte cette date de naissance & en corrobore l'exactitude par d'irréfutables arguments. C'est donc par suite d'une faute d'impression que dans un autre endroit (*Mémoires & Poésies de Jeanne d'Albret*, ouvr.

Le futur Henri IV fut baptisé, le 6 Mars 1554, « dans la chapelle du château (de Pau) sur des fonts baptismaux en argent », par le cardinal Georges d'Armagnac, évêque de Rodez, mandé exprès comme un allié, un obligé & un fidèle de la famille [1]. Il n'était revenu de Rome — où on l'avait envoyé auprès du Pape (1547) — qu'en Juillet 1550, après la mort de la reine Marguerite, son assidue protectrice. Mais Jeanne d'Albret put se rappeler qu'avant son départ de 1547, il apportait confidentiellement aux roi & reine de Navarre les premières propositions d'Henri II pour le mariage d'Antoine de Bourbon avec leur fille [2].

XI.

Ce tribut d'éclaircissements & de renseignements, complétés par l'histoire & la complétant parfois, n'est pas le seul dont le manuscrit 883 puisse nous offrir le profit.

J'ai dit qu'il contenait d'autres pièces de vers portant la marque de Marguerite d'Angoulême. Je laisse de côté, pour l'instant, les menues pièces dans lesquelles il y aurait lieu de faire un triage délicat & difficile, mais nécessaire pour tous ces manuscrits composites du seizième siècle, — comme ceux dont usa Aimé Champollion-Figeac [3], — afin de déterminer

cité, p. 4, note 2) renvoyant le lecteur audit Appendice du t. Ier de l'*Hist. universelle*, ou lit : « 13 *décembre* 1553. »

1. Voir baron A. de Ruble, *Ant. de Bourbon & Jeanne d'Albret*, t. Ier, p. 82. — La date du baptême est controversée. « Palma Cayet dit *le propre jour des Rois*. L'évêque d'Oloron dit *le 6 Mars* » (baron A. de Ruble, *ibid.*).

2. V. Baron A. de Ruble : *Le mariage de Jeanne d'Albret*, pp. 239, 240.

3. Voir *Poésies du roi François Ier*, *de Louise de Savoie & de Marguerite de Navarre*, &c. (ouvr. cité, chap. VI ci-dessus.) — Voir d'autres manuscrits encore énumérés par Le Roux de Lincy, dans son édition de l'*Heptaméron* (t. I, *Appendices* II & III). Ces manuscrits, tous inégaux, presque tous défectueux ou suspects en quelque façon, *même lorsqu'ils renferment ou semblent renfermer exclusivement des œuvres de la reine Marguerite*, — & dont un seul au plus mérite la rubrique citée par Le Roux de Lincy : « Manuscrit ...*écrit de l'ordre de cette princesse par un*

la part *certaine* ou *probable* de la reine de Navarre. Mais, au milieu du groupe des *Epîtres* qui viennent d'être examinées & qui émanent d'elle & de sa fille (sauf une de quelqu'un de leur entourage) s'encadrent deux poëmes plus étendus qui, par leur titre ou par leur sujet, & par leur style avec ses archaïsmes, trahissent expressément sa manière :

1° Entre les Epîtres I & II du manuscrit 883 se trouvent *Quatre epistres escriptes par quatre damoyselles à quatre gentilz hommes de diverses affections*, avec une *Responce* masculine pour chacune (f⁰⁵ 13-20), qui rappellent immédiatement le poème des *Marguerites de la Marguerite*, intitulé : *Les quatre Dames & les quatre Gentilzhommes*[1]. Ce sont des variations différentes sur les mêmes thèmes. Paulin Paris[2] dit : « Je pense que ces Epîtres sont des fruits de l'oisiveté de la maison de France... dans les premières années du règne de Charles IX. *La poésie en est lâche & mal châtiée. Il paroît que ces Dames, comme cela s'étoit pratiqué entre Louise de Savoie, Marguerite de Navarre & François I*ᵉʳ, *se divertissoient à rimer leurs lettres*, & c'est à ce goût que nous devons dans ce volume plusieurs Epîtres de Catherine de Médicis & de sa fille. » On sait maintenant ce qu'il faut croire de cette dernière assertion. L'époque assignée aux *Quatre Epistres* pré-

---

de ses secrétaires », — ne sont trop souvent que des recueils disparates formés de pièces d'auteurs divers, dont il est malaisé parfois d'établir les parts respectives. Pour le recueil des *Nouvelles*, qui deviendra l'*Heptaméron*, tantôt ce recueil, — plus d'une fois incomplet, — reste isolé, tantôt il est accompagné de poésies de la reine de Navarre ou de vers anonymes. Pour les *Poésies*, tantôt il y manque telle pièce des *Marguerites de la Marguerite*, mais il s'y trouve des pièces de la reine omises dans ce livre, ou des pièces d'origine douteuse ; tantôt elles sont mélangées avec des vers de François Iᵉʳ, de sa mère ou de ses maîtresses. Bref, en bien des cas, une sélection s'impose d'après un minutieux examen, & les juges les plus experts ont de quoi hésiter, çà & là, avant de se prononcer sur une attribution définitive.

1. Voir mon édition de l'*Heptaméron* (t. III, *Appendice III*, pp. 473-475, & *Notes & Eclaircissements*, pp. 516-528.)
2. *Ouvrage cité*, analyse dudit manuscrit.

citées ne convient pas davantage pour cette poésie plus négligée que celle du temps & du règne littéraire de Ronsard, & Marguerite d'Angoulême doit revendiquer ici non la qualité de *modèle*, mais celle d'*auteur*. Le poème des *Marguerites de la Marguerite* est moins symétrique; les Epîtres des quatre Dames s'y suivent toutes, puis celles des quatre Gentilshommes, tandis que dans le poème du manuscrit 883, chaque Epître féminine est suivie de la réplique du Gentilhomme en cause. De plus, dans le groupe d'Epîtres des *Marguerites de la Marguerite*, celles de deux Dames n'ont pas leur contrepartie chez les Gentilshommes; la seconde & la troisième Dame seules paraissent avoir un lien d'amour avec les second & quatrième galants. Mais l'allure & le ton, & le tour des vers, & le tour des phrases, ont, comme les sentiments, un air de famille extraordinaire. Ainsi, dans le poème de notre manuscrit, « la première (Dame) *cherche de retyrer* (de ramener) *son amy qui l'a laissée*, & dict » :

> *Mon corps lassé*, en ce fascheux séjour,
> De la longueur & grand chaleur du jour,
> Cherchoit repos, lequel trouver ne peult,
> *Car mon espoir endurer ne le veult*,
> Me remectant par tropt la souvenance
> De vostre longue *& ennuyeuse* absence.

La quatrième Dame du poème des *Marguerites de la Marguerite* ne se repent pas de son amour honnête, *quoique son ami n'en ait cure & ne s'en souvienne même pas*; mais elle voudrait mourir :

> *O quel ennuy, quelle peine & douleur!*
> *Quel désespoir! quel desplaisant malheur*
> *Qui m'a contraint perdre force & couleur,*
>   *Vie & puissance!*
> . . . .
> *Car cœur & corps desseichent mes douleurs...*

Le gentilhomme qui répond aux soupirs de la première Dame (poème du msc. 883) dit :

> *Si ma douleur je pouvois bien escripre...*

Et la seconde Dame du poëme des *Marguerites de la Marguerite* :

> Las, oseray je ou escrire ou parler
> Du grand *ennuy* que tant je veux celer?

Le même galant (msc. 883, *ibid.*) formule ce vers :

> De mon *ennuy* & *forte passion.*

On n'aura pas oublié l'emploi de cette expression, appartenant au vocabulaire habituel de la reine de Navarre, dans les Épîtres de 1549 [1].

Rien ne serait plus intéressant qu'un parallèle détaillé concernant ces deux séries, chacune de huit Épîtres fictives.

2° Après l'Epître II du manuscrit 883 [2], & avant les Chansons précédant l'Epître III (*Epître de Cauterets*), on voit (fos 22-26) une sorte de *Comédie* sans titre [3], — qui rappelle également une *Comédie* des *Marguerites de la Marguerite* ayant pour titre : *Deux filles, deux mariées, la vieille, le vieillard & les quatre hommes,* — & que Paulin Paris désigne ainsi : « *Petite pièce dramatique entre la femme à la recherche d'un cœur fidèle, quatre filles & un homme*. Cet homme & la quatrième fille sont jugés dignes de la récompense » des cœurs fidèles. Dans la pièce des *Marguerites de la Marguerite*, la dispute roule sur le *pour* & le *contre* de l'amour, ses charmes, ses querelles, ses défaillances, ses jalousies, sa durée éphémère, ses longs souvenirs. Ce sont problèmes analogues traités avec un pareil mélange d'inspiration ingénue & de psychologie ingénieuse.

1. V. chap. VIII ci-dessus.
2. Commençant ainsi :
   « Deux jours y a qu'à Pau avons nouvelles... »
3. Commençant par ce vers :
   « Mil ans y a que je suis vaguabonde. »

Ces pièces dramatisées du manuscrit où j'ai puisé ne peuvent être que l'œuvre de la reine de Navarre, & en les signalant ici, après les trois Epîtres analysées ci-dessus, je me propose d'ajouter au cycle de ses Poèmes d'amour & de ses Comédies ou Moralités deux morceaux d'une réelle valeur.

Le Roux de Lincy, pour ne parler que des Comédies, avait reproduit le *Malade* & l'*Inquisiteur*, alors inédits ; M. A. Lefranc nous donne les deux *Comédies pieuses* de 1547-1548. J'apporte une autre *Moralité* & une sorte de *Débat d'amour*[1] ou de galanterie poétique.

La gerbe finale des *Marguerites*, vraiment échappées de la main de l'exquise princesse, n'est pas faite, mais elle se fait par l'effort progressif de tous, & je serai heureux d'y avoir contribué pour ma part.

---

1. Je reprends ce titre, qui fut celui du poème dénommé *La Coche* dans les *Marguerites de la Marguerite*. (V. Le Roux de Lincy, ouvr. cité, t. I, *Appendice* III, & IV.)

APPENDICE

LE VIEUX CAUTERETS, SES THERMES ET LEURS TRANSFORMATIONS.

I. — Origines de Cauterets. — Sa vallée et ses sources thermales.

Le nom seul de *Cauterets* présageait sa destination & ses destinées.

Dans la charte de donation de la vallée de Cauterets, octroyée par le comte Raymond de Bigorre aux Abbés de Saint-Savin[1], l'objet de la donation est spécifié ainsi : *Vallem Caldarensem*[2]. « J'appelle, dit M. le Dr Duhourcau, l'attention sur ces mots : *Vallem Caldarensem*, vallée de la Chaudière (de *caldarium*, en bas latin), par allusion, sans doute, aux nombreuses sources chaudes qui jaillissent dans le val en cuvette de Cauterets. Pour moi, c'est bien là l'étymologie vraie du nom, qui se retrouve dans le mot patois du pays exprimant une chaudière, *caütèra*, d'où *Caütèrès*, nom patois & vieille orthographe de Cauterets[3]. » D'autres textes, reproduits dans le Cartulaire imprimé de Saint-Savin, désignent la vallée de Cauterets par les mots « *Vallem Caldarensem* » & « *Valle quæ dicitur Caldarez*[4] » forme qu'on peut rapprocher du nom analogue d'un cours d'eau, le *Rio Caldarès*, descendant — sur le chemin de Cauterets aux bains de Panticosa en Espagne, au delà du port de Marcadau — des lacs de Bachimana. (Partout, en ces pays, la présence d'*eaux chaudes* s'affirme par des dénominations de ce genre[5].)

---

1. Voir l'*Histoire de Béarn & de Bigorre* de Pierre de Marca, président en la Cour du Parlement de Navarre. Paris, 1640. — L'Abbé, en 945, portait le nom de Bernard Ier.

2. *Vallem Caldarensem*, d'après la mention de P. de Marca & la copie de M. Duhourcau sur l'original, & *Vallem Calderanensem* dans le texte du *Cartulaire de l'abbaye de Saint-Savin*, publié par M. Charles Durier, archiviste des Hautes-Pyrénées, 1880.

3. Voir *Aperçu historique sur la station thermale de Cauterets*, 1880, pp. 10 & 11.

4. Pièces 2 & 3 du *Cartulaire*.

5. Comme pour la station thermale des *Eaux-Chaudes*.

On trouve aussi l'orthographe *Cautarès*[1], intermédiaire entre la forme latine & la forme actuelle. La charte de Henri de Navarre (notre Henri IV), du 18 Décembre 1572, confirmant la donation de 945 & ses effets, au profit de l'Abbaye de Saint-Savin, porte *Cauterès*[2].

Marguerite d'Angoulême, reine de Navarre, écrit à François I*er*, en mars 1541, que son mari, Henri d'Albret, ayant fait une chute, « *à ce mois de may s'en va mettre aux bains de Cotteretz*[3]. » Mais, dans le Prologue de l'*Heptaméron*, elle met : *Cauderès*.

La charte de 945, qui concédait aux Abbés de Saint-Savin, campés fièrement au-dessus du défilé de Pierrefitte, en face de la vaste plaine d'Argelès entourée d'un cercle de montagnes, la vallée de Cauterets, leur accordait là un domaine plus ample qu'on n'imaginerait. « La vallée de Cauterets, dit M. Duhourcau, dans l'*Esquisse géologique sur Cauterets, ses montagnes, ses sources & sa vallée*[4] ne comprend pas seulement le plateau élargi où est bâti Cauterets; elle s'étend *depuis Pierrefitte*, où elle s'ouvre entre le pic de Soulom & les contreforts du Caballros, *jusqu'au sud de la Raillère, au pied du Tuc de Hourmigas*. Là commencent, à l'est, la vallée de Lutour, qui va se terminer dans le cirque du lac d'Estom; à l'ouest, le val de Jéret, dans lequel coule le Gave formé par la réunion, à la hauteur du pont d'Espagne, des gaves de Gaube & de Marcadau. Ces gaves viennent de deux vallées qui s'embranchent en ce point & qui vont finir, la vallée de Gaube au pied de Vignemale, & la vallée de Marcadau au pied du port du même nom, donnant accès en Espagne; sur leur trajet, la gorge & la vallée de Cauterets fournissent des rameaux latéraux qui ne constituent plus de vraies vallées, à part celle du Cambasque, qui débouche au-dessus même de Cauterets. »

Eh bien! ces vallées hautes de Cambasque, de Lutour, de Marcadau & de Gaube, alors si sauvages & si peu délimitées, relevaient de la propriété de la vallée de Cauterets. L'Abbaye affermait la pêche de l'étang *appelé de Gaube*[5] & avait droit, dans toute l'étendue de son *paschal*, au profit de l'épaule droite & de la peau de chaque cerf, isard ou sanglier qui serait pris[6].

Le mot *paschal* signifiait *paroisse*, & l'Abbaye de Saint-Savin était le chef-lieu de la paroisse ou *paschal de Saint-Savin*. On disait aussi la

---

1. Voir le *Dénombrement donné par les habitants de la Rivière* (Vallée) *de Saint-Savin* (année 1669). Pièce manuscrite tirée des Archives du département des Basses-Pyrénées, & communiquée par le D*r* Duhourcau.
2. Voir Archives des Basses-Pyrénées; copie communiquée par le D*r* Duhourcau.
3. Voir Génin, *Nouvelles lettres de la reine de Navarre*, p. 189. — M. Arbanère, dans son *Tableau des Pyrénées françaises*, écrivait encore Coteretz; Rabelais emploie la forme Coderetz. (Voir ci-après.)
4. Tarbes, Perrot-Prat, 1881.
5. Voir B. de La Grèze, *Hist. religieuse de la Bigorre*, ouvr. cité, ch. XIV, § 7.
6. Voir *ibid.*

Rivière de Saint-Savin, *rivière*, en ces contrées, signifiant « un ensemble de villages répandus sur les rives d'un cours d'eau[1]. » Cette petite république montagnarde, qui ne fut pas l'unique de l'espèce, avait pour seigneur l'Abbé de Saint-Savin, gros personnage siégeant aux États de Bigorre parmi les plus qualifiés. Mais le mot *respublica*, inscrit aux anciens statuts, n'était pas une vaine rubrique. Les habitants furent toujours francs & libres sous le gouvernement de leur Abbé-protecteur, assisté de l'assemblée *de tout le peuple*, hommes & femmes, *voisins & voisines*, selon l'expression consacrée, pour la délibération des affaires communes[2]. Huit villages composaient la *Rivière de Saint-Savin*. Ils sont ainsi dénommés dans un vieux titre latin[3] : *Lau, Casted, Balaïas, Arcisaas, Adast, Hus, Nestalas, Solon*. Comme Saint-Savin n'y figure pas, & qu'il est mentionné avec Cauterets (*Cauterès*) dans les rôles de 1669 & 1681[4], on se demande si *Casted* n'est pas dans le texte latin pour *Cauterets*[5], par altération du nom primitif, & *Arcizans* par erreur, pour *Saint-Savin*, limitrophe avec Arcizans-Devant, qui ne fait pas partie de la *Vallée* actuelle de Saint-Savin[6], réunie en Syndicat & demeurée propriétaire des sources de Cauterets. Il se peut que jadis le nom du chef-lieu (Saint-Savin) fût laissé en dehors du dénombrement & qu'une partie d'Arcizans y fût d'abord annexée.

En gratifiant de ces biens l'Abbaye de Saint-Savin, Raymond de Bigorre y avait mis pour condition qu'une église serait construite audit lieu de Cauterets en l'honneur de saint Martin, & que des cabanes seraient entretenues constamment pour ceux qui viendraient aux bains de l'endroit : « ...*et mansiones ad balneandum competentes semper in eodem loco conservent.* » De ce document ressort l'antiquité de l'usage des bains de Cauterets, puisqu'il s'agit d'en *maintenir* l'emploi constaté dans le même lieu[7].

---

1. Dr E. Duhourcau, *Un document inédit intéressant l'histoire de Cauterets*, 1853.

2. Voir B. de La Grèze, *ibid.*

3. Voir le *Cartulaire de Saint-Savin*, pièce IV.

4. Copies communiquées par M. Duhourcau. Le rôle de 1681 dénomme Uz : Uz-en-Gerret.

5. Comparez le nom du pic & des cascades de *Castet-Abarca*.

6. Comprenant sept communes, par suite de l'union de *Lau-Balagnas*; les six autres sont : Saint-Savin, Cauterets, Pierrefitte-Nestalas, Soulom, Adast, Uz.

7. « La vallée de la Rivière ou celle de Cauterets, qui ne sont proprement que la même chose sous deux noms différents, étoit autrefois un pays inculte, desert & presque inhabitable qui s'est peuplé à mesure que l'Abbé & les Religieux de Saint-Savin, *maîtres de tout ce pays*, y ont attiré des habitans par les concessions en emphiteose qu'ils leur ont fait. » (*Un document inédit*, etc., p. 8.) — Comme il n'y avait qu'un seul seigneur foncier, l'Abbé de Saint-Savin, envers qui les *communautés* de villages créées par lui étaient astreintes à hommage & redevances, il n'y eut d'abord qu'une paroisse « ou *église matrice de Saint-Savin* » L'Abbé n'allégea ce joug que par une transaction du 22 février 1533... (*Ibid.*, p. 9.) — Enfin le

Rien de plus plausible que la croyance poussant jusqu'aux Romains l'origine de cette station balnéaire, quoique le nom de *César* désignant une des sources les plus fréquentées de vieille date, sur la montagne de Peyraute ou *Pic-des-Bains*, ne soit relaté par aucun écrivain avant la fin du dix-huitième siècle[1].

Mais l'existence & le nom du *Palatium Æmilianum* — quelque résidence impériale — sur l'emplacement duquel fut rebâti le couvent des Bénédictins de Saint-Savin (après la destruction du monastère fondé par Charlemagne & brûlé par les Normands au neuvième siècle), témoignent de la tradition relative aux Romains, ces triomphants capteurs de sources, dont les traces sont nombreuses dans les environs, spécialement aux Thermes de Bagnères-de-Bigorre & de Luchon[2].

Lors de l'invasion normande, y eut-il une ville florissante en ces lieux, que les Barbares auraient saccagée & réduite aux conditions d'un village? Les mots du Cartulaire de Bigorre cités par M. de La Grèze : « *Quod nunc dicitur Cauterets* », paraissent péremptoires au sujet de ce bourg amoindri, « *nunc satis debile* », quoique l'application ait pu en être contestée[3]. Rien n'interdit de supposer des convulsions ou des affaissements du sol (comme il en survint jadis & comme il en est survenu depuis lors en proportions réduites), ayant modifié le terroir de Cauterets[4].

Ce qui est plus sûr, c'est qu'un siècle ou deux après son investiture, l'Abbaye de Saint-Savin fut obligée de soutenir par les armes la possession de ce riche domaine, & qu'au onzième siècle, le pape Alexan-

---

nombre progressivement accru des habitants & celui des hameaux donnèrent lieu de faire des « statuts & reglemens pour la police de ce peuple, *qui devoit former comme une espece de republique* » avec des *syndics* ou députés des *communautés* au chef-lieu (Saint-Savin). De la sorte, quand périt la puissance féodale de l'Abbé, lui fut fut substitué le *Syndicat de la Vallée* dans tous ses droits de propriété indivisément.

1. Toutefois, sinon César, du moins un de ses lieutenants peut s'en être « servi pour le traitement des blessures de ses soldats. » (Dr Daudirac, *La Fontaine d'Amour*, etc., p. 5. Toulouse, E. Privat, 1885.) Puis, Lomet & Ramond, dans leur *Mémoire* de l'an III (voir mon § III ci-après), conspuant « l'assassin de la liberté romaine », le nom de *bain de César* ne saurait dater de la Révolution française.

2. Cf. ce passage d'un manuscrit de Clément Labbat, nommé en l'an VI Inspecteur des eaux minérales de Cauterets : « Le premier ordre de construction de nos antiques monuments aux sources situées à l'orient de Cauterets, l'inscription qu'on lisait sur la porte de la piscine, dite *des Pères*, avant sa destruction, attestent qu'ils étaient l'ouvrage des Romains... » Est-on sûr qu'une fouille sérieuse en ce lieu serait infructueuse pour l'archéologie?

3. Voir ouvr. cité (ch. xiv, § 8 & *passim*).

4. Voir ce que dit le Dr Duhourcau (*Esquisse géologique sur Cauterets*, etc., ouvr. cité, pp. 56, 57) du tremblement de terre de 580 qui, suivant Grégoire de Tours, produisit le chaos de Gavarnie, — des secousses épouvantables qui, en 1424, engloutirent plusieurs villes de Catalogne, etc.

dre III se fit le patron de l'antique hôpital de Cauterets¹, dont Gérard de la Barthe, archevêque d'Auch, *confirmait* vers le même temps les privilèges, y compris le droit d'asile².

Cauterets, sur sa hauteur du *Pic-des-Bains*, avec ses quelques pauvres cabanes, avait donc alors, déjà, une importance, une réputation & des visiteurs, par l'attrait de ses sources thermales.

Au seizième siècle, la reine de Navarre nous montre, dans le Prologue de l'*Heptaméron*, ces visiteurs arrivés des diverses provinces de France & d'Espagne, s'en retournant péniblement, exposés aux fatigues du voyage par ces escarpements & aux dangers des méchantes rencontres.

Il fallait que la foi en la vertu des eaux miraculeuses fût bien grande, pour que tant d'étrangers s'y rendissent, parfois de si loin & par de si sauvages défilés. Car, ce but reculé par tant d'obstacles redoutables, comment & à quel prix y parvenait-on ?

II. — LES CHEMINS D'AUTREFOIS. — LEURS DANGERS. — L'EFFROI DU GAVE.

Le Prologue de l'*Heptaméron* nous dépeint de la manière la plus saisissante les obstacles multipliés des Gaves débordés ou furieux, qu'il faut « gueyer » ou franchir sur de mauvaises planches branlantes, & de « la haulteur des montagnes », & de leurs sentiers rocailleux taillés en corniche, & des *bandouliers* ou bandits par lesquels on est assailli au détour des cols étroits de ces parages. Entre Cauterets, Saint-Savin & Sarrance³, c'est une débandade, ce sont des efforts, des sueurs & des alertes qu'il sied de lire dans l'original. J'allais oublier l'ours descendant la montagne « à demye lieue *deçà Peyrechitte* » (Pierrefitte).

Madame *Osile*, *Parlamente* (la reine Marguerite), *Hircan* (son mari, Henri d'Albret) & leurs compagnons se retrouvent, comme par miracle, aux prés verts de Sarrance, où les pèlerins viennent de fêter la fin de la « Nostre-Dame » de Septembre⁴.

1. Voir sa bulle citée dans *Quelques pages authentiques de l'hist. médicale de Cauterets*, par le D' Duhourcau (Toulouse, Éd. Privat, 1892), pp. 13-15.
2. Voir *ibid.*, pp. 10-13 le mandement de ce prélat où on lit : « *Salvitatem hospitalis vestri quod dicitur Caldares.* »
3. Lieu de pèlerinage alors très célèbre, dans la vallée d'Aspe, sur la route d'Oloron à Urdos, où résident aujourd'hui quelques moines dans un modeste couvent.
4. « Non qu'elle fust si supersticieuse, dit Marguerite de dame Osile, en son Prologue, qu'elle pensast que la glorieuse Vierge laissast la dextre de son filz, où elle est assise, pour venir demorer en terre deserte, — *mais seulement pour envye de veoir le dévot lieu dont el'e aveyt tant ouy parler.* » C'était le Lourdes de ce temps-là, & l'on s'y rendait de très loin, en foule, tant d'Espagne que de France.

Quant aux chemins si rudes « *par les montaignes* » & les vallées qui séparent Cauterets & Pierrefitte de Sarrance, — notamment la vallée d'Ossau dans toute sa largeur, — Il faut, pour concevoir la possibilité de ce voyage, se rendre compte de l'habitude qu'avaient les seigneurs, voire les princes & princesses d'alors, de cheminer & chevaucher à *la paysanne* par les routes les plus abruptes. Et, à ce propos, je citerai les incursions armées des gens de la vallée d'Aspe (où est Sarrance, au delà de celle d'Ossau) contre les gens de Saint-Savin. « Les habitants de la vallée d'Aspe, dit M. de La Grèze, franchissant de hautes montagnes, vinrent s'abattre… sur le Lavedan. » Au onzième ou douzième siècle, un Abbé les tailla en pièces : « On montrait encore, il y a peu d'années, *dans les montagnes du Lys, près de Cauterets*, un abîme où, suivant la tradition, les Aspois vaincus furent engloutis. » Ils seraient donc venus, au travers des vallées d'Ossau, d'Azun & de Labat de-Bun, par les crêtes du Monné.

Tel serait aussi l'itinéraire d'Osile & de Simontaut, sinon celui des autres voyageurs arrivant de Saint-Savin, où on les avait recueillis. Ceux-là par la région de Gabas, ceux-ci par celle de Laruns, auraient gagné Sarrance, en « gueyant » le Gave d'Aspe, comme ils avaient « gueyé » celui de Cauterets, le « Gave Bearnois » & les menus ruisseaux.

Nos amis réunis & réconfortés veulent repasser ensemble le Gave, afin de regagner Oloron. Mais voilà que ce Gave d'Aspe, lui aussi, est devenu infranchissable. Voyant que les eaux « estoient creues & que de longtemps ne pouvoient seurement passer, *se délibérèrent de faire un pont sur le bout de deux rochiers, qui sont fort près l'un de l'autre, où encores il y a des planches pour les gens de pied qui, venant d'Oleron* (Oloron), *veullent passer le Gave… Et pour ce que les ouvriers dirent qu'ilz ne sçauroient avoir faict le pont de dix ou douze jours*, la compaignie… commença fort à s'ennuyer. » Mais « *Parlamente*, qui estoit femme de *Hircan*, laquelle n'estoit jamais oysifve ne mélancolique », & dame *Osile*, pénétrée de la « lecture des sainctes Lettres », proposent, celle-ci, d'user de cette pieuse lecture pour employer le temps, celle-là, d'y entremêler des récits d'histoires véritables & intéressantes. Ainsi est amenée l'occasion des récits connus sous le nom d'*Heptaméron des Nouvelles de la reine de Navarre*, qui furent, sinon en totalité (comme dans la fiction du Prologue), du moins en partie, contées là, — & aussi, on n'en saurait douter, aux bains mêmes de Cauterets.

Tels étaient les embarras & les périls des chemins au milieu du seizième siècle, & tels on les constate jusqu'au milieu du dix-huitième, époque où le fameux Intendant de la Généralité d'Auch (Gascogne, Béarn & Bigorre), M. d'Etigny, transformateur de Bagnères-de-Luchon, créa aussi pour Cauterets, disait Clément Labbat dans son Mémoire de l'an VI, « la belle route qui y conduit aujourd'hui…, brava tous les obstacles, même les préjugés, perça les rochers, fit construire des ponts, donna la vie à un pays précieux[1]... » Par là il frayait hardiment la voie aux progrès de la route actuelle avec sa tournoyante montée du *Limaçon* & toutes ses difficultés vaincues. Mais auparavant, quelles épreuves n'imposait pas le trajet aux pèlerins des bains de Cauterets!

On ne s'y rendait que par une escalade vertigineuse, de Pierrefitte au hameau de Cancéru, & de là au niveau des cabanes de Peyraute, par un sentier suivant les ressauts de la montagne, & dont on aperçoit les traces sur la déclivité des prairies & des ravins. Pour s'en faire une idée, il faut se reporter au tableau de l'accès des bains du Sud, au commencement de ce siècle, avant les améliorations du préfet Chazal, quand, « depuis la Raillère jusqu'aux établissements supérieurs, tout n'était que chaos » ou l'on « allait de pierre en pierre[2]. » Il faut se représenter, sur le parcours de cette gorge tourmentée, les écroulements terrifiants de blocs monstrueux, obstruant le passage & s'écrasant au fond du Gave[3].

Et puis, l'effroi même du Gave au fracas ininterrompu, aux flots écumeux brisés par le hérissement des rocs sur lesquels il roulait dans un emportement infernal! L'effroi du Gave, exprimé par la reine Marguerite dans l'*Epitre de Cauterets*, où le mot d'*enfer* est son terme de comparaison! Et, comme elle parle :

> La profondeur de ceste eaue qui destruit
> Terre & rochers, & meine si grand bruict,
> Qu'à la souffrir defaillent nos oreilles...

L'effroi & la *laideur* du Gave pour nos aïeux! Oui, c'est, d'après la reine de Navarre, l'emblème de « la *laydeur* de nostre enfer. » Car on aurait tort de croire que *l'attraction du paysage* fût pour quelque chose dans ces voyages si hasardeux. Le goût des sites romantiques, des paysages grandioses avec leurs *belles horreurs*, n'était pas né encore ; on préférait les sites riants & modérés avec de jolis « jardinages. » Même « Pau & Coarraze, dont la situation ravissante jouit aujourd'hui d'une si grande renommée », étaient qualifiés de « lieux pierreux & âpres[4]. » Le climat du Béarn fut déconseillé à la reine Marguerite par les médecins de Paris, proclamant « que le gros air du pays lui serait mortel[5]. »

---

1. D' Lahillonne, *Hist. des fontaines de Cauterets*, p. 6. (Paris, Germer-Baillère; Pau, Cazaux.)
2. D' Lahillonne, ouvr. cité., p. 21, d'après un msc. de C. Labbat.
3. « Les sources de l'Est sourdent de la roche schisteuse.. tout le chaînon qui forme la gorge de Cauterets, depuis Pierrefitte jusqu'au pont de la Raillère, est schisteux, mélangé de calcaires métamorphiques. Les sources du Sud & du Centre jaillissent du terrain granitique, qui forme d'énormes massifs à partir d'un kilomètre au sud de Cauterets. » (*Cauterets, ses eaux minérales, & leurs effets curatifs*, pp 8, 9. Paris, V° Delahaye & Lecrosnier, 1882.)
4. *Le château de Pau*, ouvr. cité (3° édition), p. 181.
5. *Ibid.*, p. 110.

Elle ne les écouta pas &, sur l'avis plus compétent de son médecin local, Escuranis, elle se risqua volontiers, & maintes fois, jusqu'au salutaire « enfer » de Cauterets. Mais, malgré la portée de sa vive intelligence & ce sens inné du *pittoresque*, révélé en de si parfaits tableaux, on doit reconnaître que ces aspects l'émurent d'une impression violente de saisissement plutôt qu'ils ne l'émerveillèrent. Combien pire n'imaginerons-nous pas l'impression des visiteurs vulgaires !

Les indigènes furent — pendant des siècles — insensibles aux beautés de ces spectacles. Si le sire de Béarn « parti de Morlaas vint planter son pieu (*pal*, *pau*) à l'endroit où est le château (de Pau), *les autres maisons tournaient le dos au Gave, aux coteaux & à ce beau Pic-du-Midi*, qui termine & couronne si bien toute la perspective [1]... »

D'ailleurs, rendons-nous compte de la réalité ancienne. Contemplons en pensée le val de Cauterets, non plus avec les yeux d'Abbadie en 1819 [2], non plus, comme de nos jours, égayé par les Thermes de la *Raillère* & du *Bois*, vers le Sud, par ceux des *Œufs* sur l'Esplanade, par les *Thermes de César* & les *Néothermes*, à l'Est, avec les maisons bordant le Gave & un ruban de route sur chaque rive, — mais fermé partout d'une enceinte inégale de rocs, tantôt éboulés, tantôt surplombants, & d'impénétrables sapinières, avec le Gave au milieu, se ruant dans une gorge resserrée où trempait directement le pied boisé de la montagne, parfois presque verticale. L'emplacement du Cauterets futur n'était ni déblayé ni visible ; les *cabanes* s'accrochaient en zig-zag aux raides talus du *Pic-des-Bains*, d'où le regard, — l'ascension accomplie, — s'épouvantait de plonger aux affres du précipice.

C'est donc exclusivement pour y chercher un soulagement nécessaire, & dans l'espoir d'y recouvrer la santé, qu'on bravait tout cela en montant aux sources régénératrices du *Val de la Chaudière*.

---

1. *Itinéraire topogr. & historique des Hautes-Pyrénées*, par M. A. A. (4ᵉ édition, Dufour, Tarbes & Toulouse, in-8°).

2. « Figurez-vous un petit vallon triangulaire, couvert de prairies émaillées, rafraîchies par des eaux jaillissantes, encadré par des montagnes qui le dominent à une prodigieuse hauteur. Au fond de ce vallon, une *centaine* de maisons qui offrent à plus de *mille* étrangers à la fois des logements aussi agréables que commodes, & vous aurez une idée de Cauterets & de son bassin. » (*Itinéraire topogr. & histor. des Hautes-Pyrénées*. — Voir le Dʳ Lahillonne, ouvr. cité, p. 8.) — La *donzaine* primitive de maisons avait multiplié. (*Ibid*., p. 7). Aujourd'hui, l'on estime à *vingt mille* le nombre annuel des visiteurs de Cauterets. En 1882, on comptait qu'il renfermait dès lors mille huit cents indigènes et pouvait héberger à la fois *plus de six mille* étrangers.

III. — LE CAUTERETS D'EN HAUT. — SES BAINS PRIMITIFS & LEURS HÔTES. — TRANSFORMATIONS SUCCESSIVES.

En 1316, les habitants du village accolé au flanc du *Pic-des-Bains*, où sont encore l'établissement de *Pause-Vieux* & la *Buvette de César*, au-dessus du Cauterets de la rive droite du Gave, s'accordèrent avec l'abbé de Saint-Savin pour la descente des maisons. Alors, progressivement, les bains & les *cabanes* suivirent la pente vers les *logis* groupés avec l'église dans le Cauterets d'*en bas*. On avait encore là un emplacement bien exigu. Mais combien ne semblait-il pas spacieux, en comparaison de celui d'*en haut*, où l'on se demande comment une agglomération quelconque d'habitants pouvait se presser autour des bains juchés en un tel lieu, suspendus par étages d'étroites et minces terrasses, & non de larges plateaux, suffisant tout au plus aux bâtiments restreints qui s'y sont à grand'peine succédé ! Force était pourtant d'y grimper sans cesse ou de s'y tenir confiné, de quelque rang qu'on fût, car les abords du Gave n'étaient pas dégagés. La hauteur s'imposait :

« Quand ce lieu d'en bas se trouvant assez peuplé, *quelques-uns des habitants voulurent regagner la montagne & s'établir près des bains*, ils en obtinrent de nouveau la permission de l'Abbé, comme il conste d'un acte du 3 may 1397[1]. »

Apparemment, les gens de condition princière pouvaient occuper, avec quelques personnes de leur suite, des *logis* autres que les *cabanes* des bains (le Prologue de l'*Heptaméron* parle distinctement des *cabanes* & *logis*. Aux *Eaux-Chaudes*, il y avait, au seizième siècle, la *maison du Roi*.) Mais il semble que les *cabanes* étaient l'asile ordinaire de ceux qui prenaient les eaux, puisqu'aux termes des baux par lesquels l'Abbé les affermait aux enchères, les habitants de la *Rivière de Saint-Savin* avaient droit au tiers des *lits*; que, *pendant trois semaines*, il leur était loisible de louer des *lits* supplémentaires moyennant 13 liards & demi pour chacun, & que, si le cabaretier ne recevait pas également riches & pauvres, sa cabane lui était ôtée & vendue au plus offrant. De plus, il payait une amende, & pour ce manquement, & s'il négligeait les réparations des cabanes, obligatoires de trois en trois ans, après visite des surveillants. Le tavernier avait charge de loger aux écuries tous les mulets & montures, par quelque heure de nuit qu'on advînt. Les statuts de 1534, outre ces prescriptions, réglementaient la boucherie, le prix de la viande, sa fourniture par la taverne des bains, & donnaient licence aux habitants « de vendre du pain, volaille, fruits & autres choses nécessaires[2]. »

1. *Un document inédit*, &c., publié par le Dʳ Duhoureau, pp. 8 & 9.
2. Voir B. de La Grèze, ch. xiv, ? 8, & le *Document inédit* précité, p. 10.

Les bains mêmes, cuves & rigoles; les *cabanes* des bains & des *logis* particuliers, bien humbles, pour les habitants ou pour certains hôtes; la *taverne*, l'*église* & la *cure* : voilà le Cauterets de ces temps lointains. On devine l'état des chemins (malgré l'entretien imposé aux villages de la *Rivière*), par celui de nos sentiers muletiers les plus durs !

Combien d'illustres & de puissants, de l'antiquité aux temps modernes, des Césars ou de leurs lieutenants au roi de Navarre & Aragon, Sanche Abarca, & de celui-ci aux princes & princesses français du seizième siècle, s'y rendirent pourtant, par envie de voir le pays, accidents de guerre ou nécessités de traitement[1] ! Par malheur, on ne fait que citer un nom fameux : le roi Sanche, Marguerite d'Angoulême, Rabelais; & le surplus, le *pourquoi*, le *comment*, le détail caractéristique échappe, excepté pour notre reine de Navarre qui, par une compensation heureuse, nous fournit les plus piquantes informations.

Sanche Abarca franchit les Pyrénées de ce côté, afin de venir au secours du duc de Gascogne contre l'invasion des Normands dans les pays de la Novempopulanie, au travers des neiges de l'hiver; puis, rappelé par l'attaque du chef maure Hachim contre Pampelune, il repassa précipitamment les monts pour fondre sur les Maures qu'il défit en l'an 902 [2]. Un pic & une cascade ont gardé le nom de *Castet-Abarca* (par corruption *Castellabarca*), vers le plateau de Cayan, dans la vallée du Marcadau, au-dessus du pont d'Espagne.

Aux séjours de la reine Marguerite & de Henri d'Albret se rattache une légende. « Un poète du pays, dit M. Taine, composa sur elle une jolie chanson. » Trois colombes (*paloumettos*) se baignent en une claire fontaine aux Thermes de Toulouse, tant qu'enfin elles s'envolent

Tau haut de Cauterès.

Ici question du poète & réponse des palombes :

> Digat-mé, paloumettos,
> Qu'y ey à Cauterès?
> — *Lou rey & la reynetto*
> Si bagnan dab nous tres.
> Lou rey qu'a ûe cabano
> Couberto qu'ey de flous;
> La reyno que n'a gn'aûte
> Couberto qu'ey d'amout [3].

1. Une variante de l'*Heptaméron* (édition de 1551 & mse. de Thou) dit qu'aux bains de Cauterets se trouvèrent diverses personnes « tant de France, Espagne, que d'autres lieux. »

2. Voir Cénac-Moncaut, *Histoire des peuples & des Etats pyrénéens*, t. II, part. V, ch. II.

3. Voir le *Voyage aux Pyrénées* (Cauterets, III).

Si la cabane du roi était couverte de fleurs, & celle de la reine d'amours, & si c'est de notre reine de Navarre que parlent les colombes, la *Marguerite des princesses* avait sa juste part, le sérieux de ses actes & de son âme se tempérant galamment du vif esprit de l'*Heptaméron*. Aussi la tradition veut-elle qu'elle ait doté une source, réputée bonne pour la guérison des femmes stériles, du surnom de *Fontaine d'amour*. C'était l'une des sources de *Canarie* (ou *Petit bain des Pères*), qu'on désigna plus tard sous le nom de *Bruzaud* & dont les eaux, descendues entre les emplacements des *Thermes* & des *Néothermes*, disparurent subitement en 1853 [1].

L'Etude que je publie ci-dessus, avec les Epitres citées, apporte les preuves irréfragables de la présence de Jeanne d'Albret aux bains préférés de sa mère.

Henri IV — alors Henri III de Navarre — s'en préoccupa [2] avec une sollicitude avisée.

Rabelais fut-il un des visiteurs de Cauterets? Oui, si l'on en croit l'allusion de Lomet & Ramond dans ce passage de leur *Mémoire sur les eaux minérales & les établissements thermaux de Cauterets* [3] : « Les malades habitent à Cauterès & se font transporter à la Raillère *par des porteurs auxquels Rabelais a payé le tribut d'éloges qui leur est dû*. Depuis Rabelais, rien n'a changé &, nonobstant les services que les eaux de Cauterès rendent journellement aux malades, jamais les bains n'ont rendu autant de force aux portés *que les routes n'en ont donné aux porteurs*. » On ne saurait voir ici qu'une méprise des auteurs du Mémoire. Ces *porteurs*, qui n'auraient pu d'ailleurs hisser Rabelais ou ses compagnons qu'aux bains de l'Est, *alors seuls connus*, & non à la Raillère, seraient évidemment — pour Lomet & Ramond — les pauvres hères que Panurge, au livre II de l'œuvre bouffonne de Rabelais (chap. XVII) se vante d'avoir mariés, moyennant pécune, avec de « vieilles sempiterneuses » & dont il dit : « Incontinent m'en alloys *à quelque porteur de coustretz, gros & gras.* » Mais nos auteurs ont commis là un calembour involontaire, car ce mot *coustretz*, imprimé aussi *cousteretz* dans les éditions du temps de Rabelais, n'y signifia jamais *Cauterets* ou *Coterets*. Qu'on traduise *cousteret* & *coustret* par *fagot* (sens de notre *cotret*) ou par *charge de vendange*, & par extension *hotte de vendange* [4], les *porteurs de cousteretz* étaient, dans l'acception la plus

---

1. Voir ci-après la description des anciens bains & les remarques touchant la source du *Rocher*, qui est venue remplacer dans toutes ses applications les vieilles sources de *Canarie-Bruzaud*, ou qui plutôt en est la réapparition sous un autre nom.

2. Voir § 1ᵉʳ ci-dessus, p. 84.

3. Publié par ordre du Comité de Salut public, l'an III de la République française. (Edition nouvelle annotée par le Dʳ A. Bouyer. — Voir p. 10.)

4. « En patois poitevin, *coutret* signifie une demi-charge de vendange. » (Rabelais, édition Rathery & Burgaud des Marets, livre II, chap. XXXIII, note.) — « Un

générale, — *porteurs de fagots* ou *de hottes*, — des gagne-petit, & c'est ce qu'indiquent péremptoirement tous les passages de Rabelais où ils sont nommés.

Parlant des pommes de cuivre creuses avalées par Pantagruel & contenant les *pionniers* chargés de lui curer l'estomac, Rabelais conte qu'en sept de ces pommes « entrerent *sept porteurs de coustrets*, chacun ayant une corbeille à son col [1]. »

Au livre I (*Gargantua*, chap. 1), il écrit : « Je pense que plusieurs sont aujourd'huy empereurs, Roys, ducz, princes & Papes, en la terre, lesquelz sont descendus *de quelques porteurs de rogatons & de coustretz*. » — Dans le livre II, au plaidoyer grotesque du chapitre XI, il insère cette phrase : « E: par ce moyen fut grande année de quaquerolles *en tout le pays de Artoys*, qui ne feust petit amandement *pour messieurs les porteurs de coustzeretz*. » — Au chapitre XXX du même livre, dans son Enfer burlesque, où il transforme les grands de ce monde en miséreux, il montre le légendaire Perceforest devenu « *porteur de coustretz*. »

Le *porteur de coustretz* n'est donc qu'un *porte-charge* de n'importe où, et non un *porteur de Coteretz* ou *Cauterets*. Mais si l'erreur est manifeste, j'opine, pour un autre motif, en faveur d'une excursion de Rabelais aux bains de cet endroit. En terminant son livre II par l'énumération des sources thermales célèbres de France & d'Italie, il n'omet pas d'inscrire le nom de *Coderetz* (telle est son orthographe) en tête de sa liste de « *bains chaulx*. » Viennent ensuite *Limons* [2], *Dast* [3], *Balleruc* [4], *Neric* [5], & *Bourbonnensy* [6], puis quelques bains italiens de Toscane, du Bolonais [7] & du Padouan, tous pays hantés par

coutret, dit M. Poëy d'Avant, est *une demi-charge de vendange*. Deux coutrets forment *une somme*. » (Rabelais, Glossaire de l'édition P. Jannet-Picard, t. VIII.)

1. Livre II, chap. XXXIII. — Ces porteurs, dit l'édition Rathery & Burgaud des Marets, « sont probablement ce que nous appelons aujourd'hui des *porteurs de hottes*. La corbeille qu'ici Rabelais leur met au cou nous semble appropriée à leur métier. » Ici la charge d'ordures va remplacer la charge de raisins; mais c'est toujours la *charge*, le *coustret*, primitivement : le *tas*.

2. *Limoux* (Aude). Rabelais désigne ici les bains d'Alet, au Sud-Ouest & tout près de Limoux. Le Duchat dit en note : « Limoux est... *sur le chemin d'Aleth & les bains sont aux piés des montagnes*. » C'est la situation des bains d'Alet.

3. *Dax* (Landes).

4. *Balaruc*, entre Cette & Montpellier (Hérault).

5. *Néris* en Bourbonnais (Allier).

6. *Bourbon-Lancy*, ancienne baronnie du connétable de Bourbon, dans l'Autunois (Saône-&-Loire).

7. Il cite entre autres les bains de *la Porrette* (Porretta). Le Duchat : « Bains souffrez près de Rainuce dans le Boulonnois (Bolonais), à droite de la rivière du Rhône, en remontant vers sa source. Il y a un volume de Contes..., *les Septante Nouvelles Porretanes*, & je suis bien trompé si *de cet Heptaméron & de celui de la Reine de Navarre, l'un des deux n'est une imitation de l'autre*. » La reine Marguerite n'aurait pu être imitée par Sabadino degli Arienti, l'auteur des « *Porretane*...

Rabelais en personne, qui parcourut la France entière, plus longuement celle du Centre & du Midi, mais ne visita au delà des Alpes que le pays de Rome & l'Italie du Nord. Ce nombre si limité de « bains chauds » me paraît donc bien constituer la liste de ceux où ils mirent le pied, d'autant qu'il se tait sur Bagnères-de-Bigorre, si proche de Cauterets, probablement parce qu'il ne s'y était pas arrêté. En rapports sympathiques & directs avec la reine de Navarre & son entourage, doublement curieux comme savant & comme praticien de la médecine, Rabelais avait d'excellentes raisons de ne point négliger l'excursion de Cauterets en compagnie, — conjecture plausible, — de la reine ou du confrère Escuranis.

Ils eurent des imitateurs. Un poète du seizième siècle, Du Bartas, énumère :

> Encausse¹ .....& les eaux salutaires
> De Cauderets, Barège, Aigues-Chaudes, Baignères.

Il glorifie ces bains de *sa Gascogne*,

> Où la femme brehaigne, où le paralytique,
> L'ulcéré, le goutteux, le sourd, le sciatique
> Trouve sans débourser sa prompte guérison.

Sans débourser est toujours vrai pour les indigènes, mais un peu gascon pour les autres. Sûrement, les bains d'autrefois ne coûtaient guère aux clients venus de loin, hormis le voyage ; mais comment comparer leurs misérables abris & leurs cuves ou *baquets* sordides, avec nos installations multiples & confortables ?

De la fin du seizième siècle au milieu du dix-huitième, l'obscurité se fait sur Cauterets, éclipsé par des stations rivales : Eaux-Chaudes — quelque temps surnommées *Eaux-d'Albret* — Eaux-Bonnes, Barèges.

Il faut arriver, pour le voir remis en lumière, jusqu'aux travaux de Borie & des Bordeu, consultés encore avec fruit par nos praticiens².

C'est d'eux qu'émanent les premiers renseignements circonstanciés sur la position, la répartition & l'application des eaux thermales de

---

Novelle Settanta una », dont la première édition italienne est de 1484 & l'édition *princeps* en latin, de 1483. Elle même n'imita pas ces Nouvelles ; elle s'inspira simplement, au Prologue de son *Heptaméron*, du *Prohemio* de Sabadino, nous transportant aux bains de la Porretta, où est censée se réunir, par une belle journée de 1475, une compagnie de gentilles personnes, hommes & dames, sur les bords du fleuve Reno, dans un pré émaillé d'herbes tendres & de fleurs odoriférantes.

1. Station de la Haute-Garonne (sources sulfatées-calciques, d'une thermalité & d'une minéralisation moyennes, plutôt faibles).

2. Voir Dʳ Lahillonne, ouvr. cité (pp. 29-118) : résumé des doctrines & de la biographie de Th. de Bordeu, Joseph & Clément Labbat & Cyprien Camus.

Cauterets. La mode s'en mêla, & la faveur reconquise par Cauterets s'étendit aux nouvelles sources du Sud[1].

Le plateau le plus élevé — aujourd'hui entièrement abandonné — du *Pic-des-Bains* (Peyraute), dont les eaux furent seules connues durant des siècles, supportait l'assiette principale du Cauterets primitif. On y voit le pourtour d'une cuve de pierre, actuellement comblée, qui était celle du *Bain-d'En-Haut* (Bordeu) ou de *César* (Lomet & Ramond).

Au-dessous, mais un peu plus au Nord, s'ouvrait le *Bain du Milieu* (Bordeu) ou *des Espagnols*. C'était également une grande cuve commune.

Plus bas, & plus au Sud, le *Bain d'En-bas* (Bordeu) avec baignoires particulières, dénommé aussi *Fontaine d'amour*, puis *de Canarie* & de *Bruzaud* — des noms de ses propriétaires — portait également le nom originaire de *Petit bain des Pères*.

Il est certain que tous ces bains durent être qualifiés d'abord, indistinctement, *Bains des Pères* (Labaig[2]), comme appartenant aux moines de Saint-Savin.

Mais en 1472, ceux-ci, par acte notarié, cédèrent à « maestre Jean de Malhoc, metge de sirujana », ou médecin-chirurgien du hameau de Mailloc, quartier de *cagots*, sur la route d'Argelès, une cabane située *au bas* des bains de Cauterets ; &, par acte ultérieur de 1665, les héritiers de J. de Mailloc vendirent solidairement « en faveur de Bertomibe & Jean *de Canarie* » (quartier d'Argelès, affecté aussi aux *cagots*) la « cabanne qu'eux & leurs prédécesseurs possédoient *au terroir de Cauterès & au Petit Bain* des Bains dudict Cauterès » avec « *la faculté de prendre l'eau dud. petit Bain pour s'y baigner ou suer.* » De là le titre, pour cette cabane, « située au-dessus du *petit bain de bas* », de « cabane ... *de Capots* » (ou *Cagots*), & finalement, de cabane *de Canarie*, titre qui passa au *Bain d'En-bas* lui-même, jusqu'au jour où il fut acquis par un sieur *Bruzaud* & baptisé de son nom. Les *Capots* ayant prétendu y avoir un droit exclusif, on refréna leurs abus par ordonnance abbatiale de 1647, qui semble avoir eu pour but, en respectant le *droit de propriété*, de sauvegarder, pour tous clients advenants, le *libre usage* de ces eaux[3]. La *Fontaine d'amour* de la reine de Navarre devait être une des parties réservées — hors de l'atteinte des *Capots*, — le *Bain-d'En-bas* ayant trois sources.

---

1. On dota la *Raillère* de baignoires de marbre pour le duc de Richelieu.

2. Labaig, dont le *Parallèle des Eaux-Bonnes*, &c., est de 1750 — contemporain & ami de J.-F. de Borie, auteur de *La recherche des eaux minérales de Cauterets*, &c. (1714).

3. Voir D' Duhourcau : *Les Cagots aux bains de Cauterets*. (Toulouse, E. Privat, 1892.)

Bordeu ajoute la mention d'un quatrième bain, sous la rubrique de *cuve de Pause* (du nom d'un propriétaire particulier). Il aurait un peu dominé le *Bain du Milieu*, tout en se rapprochant, vers le Sud, du *Petit bain des Pères* ou *de Canarie*.

Ces indications topographiques ne remontent pas au delà de Borie, dont Bordeu allègue l'autorité; elles laissent de côté les surnoms adoptés par la tradition populaire, ce qui n'infirme en rien la valeur de celle-ci & l'ancienneté de ces surnoms[1]. En outre, vu l'état rudimentaire des bains du temps de Borie, des Bordeu & même de Lomet, on peut avancer hardiment que l'aspect des choses ne différait guère alors de celui de l'humble station thermale visitée & préconisée par la reine Marguerite.

L'état présent s'en écarte infiniment plus, les terrains ayant subi, par la suite, bien des remaniements, & les bains ayant opéré leur descente successive sur la pente de la montagne. Enfin, les fouilles de l'Ingénieur François, en 1853-1854, ont changé singulièrement les conditions respectives des sources du Pic-des-Bains, tout en augmentant prodigieusement le débit total des eaux.

Voici le résumé des transformations accomplies :

1° Sur la terrasse où subsiste la buvette de *César-Vieux*, le bain des *Espagnols* ou du *Milieu* est resté avec les eaux de *César* — dont le bain était devenu mitoyen — jusqu'en 1844, date de la descente de leurs eaux au niveau des *Thermes de César & des Espagnols*, bâtis alors dans la ville, & qui vont être reconstruits sur place. Il ne demeura au sommet que la *buvette de César* avec le service de l'embouteillage.

2° La *cuve de Pause* & les bains d'une source jaillissant plus au Nord & dépendant de la même propriété, avaient pris les titres d'établissements de *Pause-Vieux* & de *Pause-Nouveau*, dénominations rendues passablement confuses par des reconstructions & déplacements tels, que les bâtiments *les plus neufs* étaient en dernier lieu ceux de *Pause-Vieux*, & les plus anciens, ceux de *Pause-Nouveau*.

Le *Pause-vieux* de jadis, avant qu'il fût descendu au bord de la route qui, là, surplombe horizontalement Cauterets — puis s'infléchit & monte au Nord-Est vers la *Grange de la reine Hortense* — ce premier *Pause-Vieux* occupait l'emplacement de la *buvette de César*, un peu au-dessous de la vieille *cuve de Pause*. Quant au premier établissement — détruit — de *Pause-Nouveau*, on en montre le sol au niveau de la terrasse & contre le mur de la *buvette de César*. Le *Pause-Nouveau* qui lui succéda est en contre-bas, & son grenier se voit de plain-pied

---

[1]. Le D' Daudirac (*La Fontaine d'amour*, ouvr. cité, p. 6) remarque avec raison que si « ni Borie, ni les Bordeu, ni Castelbert » ne parlent des dénominations traditionnelles, familières aux gens du pays, c'est que, « par esprit d'innovation, ou pour être mieux compris *de leurs lecteurs* », ils avaient désigné les bains « d'après leur position sur le flanc de la montagne. »

avec le sol du bâtiment précédent. Le *Pause-Vieux* de nos jours continue de fonctionner, & il est question de le ramener en ville ; mais le dernier *Pause-Nouveau*, privé brusquement de ses eaux par le contre-coup des fouilles de 1853-1854, & alimenté quelque temps par une portion de l'eau de *César*, est maintenant fermé.

3° Le bain de *Canarie-Bruzaud* garda jusqu'en l'an VI sa position élevée, intermédiaire entre *Pause-Nouveau* & le *Pause-Vieux* actuel, au Sud & au-dessous du premier, au Nord & au-dessus du second. Bruzaud le transféra en ville sur un terrain sis entre les *Thermes de César* & les *Néothermes*. Comme *Pause-Nouveau*, il perdit subitement ses eaux par suite des fouilles de l'Ingénieur François, & le Syndicat de la Vallée de Cauterets, qui bénéficiait de ces fouilles par l'accroissement des sources de *César* & des *Espagnols*, dut indemniser les possesseurs du bain supprimé de *Bruzaud*.

4° Mais, par une bonne fortune compensatrice pour la clientèle de l'ex-bain de *Canarie-Bruzaud*, ou *Fontaine d'amour*, peu après, en 1857, on découvrit dans une prairie de la famille Larramlau, en aval du point d'émergence de *César*, une source absolument pareille, celle du *Rocher*, qui, descendue plus tard, en 1861, au lieu dit Rieumiset, forma, avec la source froide de ce nom & une dérivation de l'*eau de César* — celle que *Pause-Nouveau* employa — le groupe exploité sous le nom de *Néothermes* dans un élégant édifice, au milieu de squares de verdure, aux abords de la belle promenade du *Parc*[1].

Ici quelques explications sont nécessaires au sujet de l'*imbroglio* concernant la nature & l'état des sources de *Bruzaud*, de *Pause-Vieux* & du *Rocher*, au moment de tous ces bouleversements, & ce qu'il en advint. L'opinion qui prévalut d'abord fut que, soit par l'effet d'un accident géologique, soit par celui des fouilles, les eaux de *Canarie-Bruzaud* s'étaient confondues avec celles de *César*. Un médecin distingué, l'un des vétérans de la station de Cauterets, M. le D' Daudirac, conjectura ensuite que les eaux de *Bruzaud* avaient pu remplacer les eaux de *Pause-Vieux*, au lieu d'être absorbées par celles de *César*. Mais il paraît constant que la source ancienne de *Pause-Vieux* ne cessa d'y arriver, même après les fouilles de 1853-1854, & que ses eaux d'aujourd'hui ont gardé leur caractère spécial, se comportant plutôt comme un succédané de *César*, excellent pour certaines formes de dermatoses, d'asthmes, de gastralgies, etc. L'opinion commune des médecins assimile, par contre, pour les effets produits, l'eau du *Rocher* — avec sa faible sulfuration qui permet une action tempérante, souvent des plus utiles — au bain antérieur de *Canarie-Bruzaud*. Dans la pratique journalière,

---

1. Les *Néothermes*, les bâtiments de *Pause-Nouveau*, le *Parc*, sont la propriété de la *Société anonyme des Eaux de Cauterets* (dite Société Dulau, du nom de son Président), précédemment fermière des Eaux & Bains appartenant au Syndicat de la Vallée.

c'est *Bruzaud* ressuscité aux *Néothermes*. Le Dr Duhourcau se prononce pour l'*Identité* parfaite du *Rocher* & de la *Fontaine d'amour*, à travers les révolutions du sol & les transformations balnéaires[1]. En me rangeant à cet avis, je relèveral par surcroît un détail important, c'est que le *bain de Canarie* fut toujours *le plus bas situé*, & que l'on aperçoit encore l'entrée de la vieille galerie, où émergeaient ses sources, *au-dessous* des griffons des eaux de *César* & des *Espagnols* : les eaux de *Canarie* n'auraient donc pu, en 1853 ou 1854, remonter jusqu'à ces griffons; elles ne pouvaient, perdant leur point d'émergence, que reparaître en un point inférieur.

Cette descente des eaux, servie par le hasard, activée par les exigences du confort moderne, s'observe pareillement pour les sources du Sud : celles des *Œufs*, conduites aux *Thermes* de ce nom, sur l'Esplanade, au centre du Cauterets neuf; celle du *Bois*, conduite dans un local aménagé auprès des bains de la *Raillère*[2]. Quels que soient les regrets de certains pour les bains voisins des griffons de chaque source, on remonte encore moins facilement le courant d'une tendance que la pente d'une montagne, & les avantages des installations actuelles, impossibles dans les positions délaissées, doivent primer toutes les autres considérations.

Il fallait cependant pour le service de la *Raillère*, du *Bois*, des buvettes et bains voisins, vu leur distance du centre de Cauterets, des moyens perfectionnés de transport. On vient d'y pourvoir par la création d'un chemin de fer électrique entre l'*Esplanade* et la *Raillère*. Ainsi sont également reliés, pour tous les besoins de la cure thermale,

---

1. Je reçois à ce sujet la lettre ci-après du Dr Duhourcau :

« Cher Monsieur & ami,

« Je viens de lire l'*Appendice* dont vous faites suivre votre savante *Étude sur les derniers voyages de la reine Marguerite d'Angoulême aux Eaux de Cauterets*, étude des plus intéressantes pour cette station qui m'est si chère. J'y vois que, sur la foi de ce que je vous ai dit, vous identifiez le *Rocher* d'aujourd'hui avec l'ancienne *Fontaine d'amour* de la reine de Navarre, devenue plus tard la source de *Canarie*, puis de *Bruzaud*. Je n'hésite pas à déclarer ici que bien des arguments sérieux, géologiques, physico-chimiques & médicaux, confirment en moi cette opinion, que la source du *Rocher* n'est autre que l'ex-*Bruzaud-Canarie-Fontaine d'amour*.

« Cordialement à vous,

« Dr Duhourcau. »

2. Voir ci après, pp. 110, 111, ce que j'en dis. — Les Eaux & Bains du Sud en totalité (hormis ceux du *Petit Saint Sauveur*, propriété privée). *Mauhourat*, le *Bois supérieur* & le *Bois inférieur*, le *Pré*, la *Raillère*, ainsi que les Thermes du Centre ou *Thermes des Œufs*, sont, avec *César-Vieux*, *Pause-Vieux*, les *Thermes de César & des Espagnols* (Eaux et Bains de l'Est), la propriété du Syndicat de la Vallée, & l'exploitation en est affermée par la *Société nouvelle des Thermes de Cauterets* (Société Delporte, Servat, Géraud & Cie.)

les buvettes et bains du Sud, du Centre et de l'Est. Enfin, l'accès de Cauterets va être facilité par une voie ferrée partant de la gare de Pierrefitte, et provoquant forcément d'autres améliorations.

IV. — PRATIQUE GÉNÉRALE DES EAUX. — DURÉE DE LA CURE. LA VIE AUX BAINS.

L'efficacité des eaux de Cauterets & leurs divers usages sont t.)s bien marqués par la reine de Navarre au début de son *Prologue*, lorsqu'elle fait mention de la foule accourue en ce lieu : « ...les uns *pour y boire de l'eaue, les autres pour se y baigner,* & les autres *pour y prendre de la fange; qui sont choses si merveilleuses, que les malades abandonnez des médecins s'en retournent tout guariz.* » Il est fâcheux qu'elle s'en soit tenue là : « Ma fin *n'est de vous declarer la situation ne la vertu des dits baings,* mais seullement de racompter ce qui sert à la matière que je veulx escripre. » Elle nous eût, avec son esprit si net, fort bien édifiés.

Toujours est-il qu'alors, & dès longtemps, on *buvait,* on se *baignait,* & l'on *prenait les fanges,* en se louant de la vertu de ces remèdes.

Mais ces *fanges,* comment l'usage en est-il aboli? Est-ce par hasard, ou parce que les médecins modernes attribuent aux *eaux* seules autant de vertu qu'aux *fanges* minérales? Et qu'était-ce que ces *fanges?* N'y doit-on pas voir ces dépôts — dédaignés présentement[1] — mélanges de matières organiques, *barégine* ou *glairine,* en suspension dans les eaux sulfureuses, & des *terres martiales* dont Bordeu signale l'existence[2]? Le fait, en somme, est curieux & vaut qu'on le relève. Les *fanges* de César, comme les *boues* de Dax en France, d'Acqui, de Castelnuovo d'Asti & de Montecatini en Italie, de Balaton-Füred & de Posteny en Hongrie, etc.. n'avaient-elles pas leur effet défini?

On verra plus loin, d'après le témoignage des exemples de la reine de Navarre ou des siens, quelles applications spéciales & diverses recevaient ces eaux thermales. Mais sur leur nature & leur composition, la reine de Navarre se tait, apparemment parce qu'elle n'en sait pas davantage. Elle pensait, en outre, — & de même le docteur François Rabelais, — que la vertu des eaux chaudes naturelles était surtout appréciable en raison de leurs résultats curatifs. Après sa mention

---

1. Quelques praticiens ordonnent pourtant *isolément* des applications de *glairine,* tandis que la plupart des médecins y répugnent.

2. Ce qui paraît avoir frappé Bordeu, dit M. Duhourcau, c'est que nos eaux « contenaient plus de fer que celles des stations voisines. » Il y note « une *terre martiale* », & ajoute : « Les *dépôts* que ces eaux laissent dans les réservoirs & *qui sont noirâtres & quelquefois jaunâtres comme l'ocre,* indiquent encore la même chose. » Voir ci-après p. 135, l'indication du *Recueil d'observations* des Bordeu.

précitée des eaux thermales de France & d'Italie, il lance une plaisante diatribe à ce propos :

« Et m'esbahis grandement d'un tas de folz-philosophes & medicins, qui perdent temps à disputer dont vient la chaleur de ces dictes eaux, ou si c'est à cause du *baurach* (borax), ou du *soulphre*, ou de l'*allun*, ou du *salpetre* qui est dans la minere : car ilz n'y font que ravasser... », & il conclut que « lesdictz bains sont chaulx parce qu'ilz sont yssus » d'un... trop plein « du bon Pantagruel ! »

Rabelais s'amuse ; mais que nos maîtres chimistes ne s'indignent pas. En l'état, ou mieux, en l'absence de la chimie de son temps, sa sortie irrévérencieuse se conçoit parfaitement. Avait-on nos moyens pour discerner, isoler & peser les parties constituantes de ce *médicament vivant* & de cet *aliment liquide*, — comme parle notre science contemporaine — qu'est l'eau thermale minéralisée ? S'il eût vécu de nos jours, il eût applaudi, il eût voulu même prendre part aux savantes analyses de MM. Ossian Henry, Garrigou, Duhourcau, &c., par lesquelles nous pénétrons dans l'intimité des choses, recherchant, saisissant leurs éléments & les rapprochant de l'action totale observée par le clinicien. Mais il eût gardé, — ce qui évidemment est le fond de sa boutade, — l'opinion qu'ici le chimiste, sur le terrain de la maladie & de la *cure thermale*, doit céder le pas au clinicien : ce dont conviennent nos plus doctes analystes. Présentement, sans conteste, ils professent l'*indivisibilité* provisoire du remède ; car, on ignore pour combien sont *en valeur efficace*, — respectivement, & par combinaison, & par réaction réciproque, à tel degré de chaleur ou d'électricité, — les parties minérales ou gazeuses & les matières organiques, dans ce produit complexe du laboratoire des sources profondes, où se dérobe plus d'un X[1]. A leur école, Rabelais n'eût plus refusé de pratiquer l'*analyse* chimique, mais il eût continué d'appliquer la *synthèse* médicale avec tous nos maîtres.

Dans le traitement suivi, sous leur direction, les *saisons*, la *durée* de la cure & le *régime* approprié ont leur importance, que la reine Marguerite signale d'une façon brève, mais précise.

---

1. Un maître des plus autorisés, M. le Dr Garrigou, dit : « Les services que l'on peut rendre avec l'hydrologie scientifique & rationnelle sont immenses. » Mais sur « la composition intime des sources, » voici ce qu'il professe : « Il y a là, comme en anatomie, un squelette qui sert de base à *un tout vivant*... dont l'*âme* semble... aussi peu tangible que celle du corps humain. Ce *quid*, nous échappe pour le moment, sans doute, mais il est probable qu'une fois l'étude complète du squelette hydrologique terminée, celle des autres éléments *de cet être animé* nous sera plus facile » et « nous amènera à donner artificiellement à l'eau thermo-minérale que nous aurons reconstituée, ou à celle que le refroidissement & le transport auront altérée, ce souffle, ce *quid divinum* », complément des « propriétés réparatrices de ces sources

Les bains, à notre époque, fonctionnent du 1ᵉʳ Mai au 1ᵉʳ Novembre (les *Thermes de César & des Espagnols* sont, de plus, ouverts pendant la période hivernale); mais la vraie saison va *du 15 Juin au 15 Septembre*. « Il est difficile, de dire quels sont les mois les plus beaux de la saison thermale. *Les mois de Juillet & d'Août sont les plus fréquentés; mais il s'en faut que les mois de Juin & de Septembre soient moins favorables*[1].

Du temps de Marguerite, les saisons favorites paraissent avoir été celles de *printemps* (Mai) & de *fin d'été* (Septembre), plutôt que la saison intermédiaire. C'est avec insistance, je l'ai montré, qu'elle indique le mois de *Mai* pour la cure du roi de Navarre, & cela *dès le mois de Mars*, ce qui implique un dessein arrêté. « Ses médecins, écrit-elle *en Avril*, au duc de Clèves, lui ordonnent la même saison. » Le mariage de Jeanne d'Albret, qui eut lieu le 14 Juin 1541, & auquel préludèrent les fêtes du 9 Juin, rappela forcément le roi & la reine de Navarre auprès de la Cour de France au début de ce mois. Voilà donc une saison de Mai historique[2].

La seconde saison de *Septembre* est déterminée par le Prologue des Nouvelles en termes exprès & significatifs: « *Le premier jour de septembre que les baings des monts Pirenées commencent d'entrer en leur vertu*, se trouvèrent à ceulx de Cauderès plusieurs personnes, tant de France, Espaigne, &c. » — « *En ces bains là demeurèrent plus de trois sepmaines tous les malades*... Mais, *sur le temps de ce retour*, vindrent les pluyes si merveilleuses & si grandes... qu'il fut impossible de y demourer. »

Ainsi, comme aujourd'hui, la saison moyenne était de vingt & un à vingt-cinq jours : « *plus de trois sepmaines*. » Le traitement y retient ce laps de temps non quelques, mais « *tous les malades*. » C'est donc une prescription & une tradition fermes. En effet, s'ils partent, les pluies énormes ne sont qu'un motif de plus ; le motif principal de ce retour déjà décidé, quand l'inondation vient le hâter, c'est que le traitement est fini, puisqu'ils restent, depuis le 1ᵉʳ Septembre, « *jusques ad ce que par leur amendement* (bon résultat du régime d'eaux), ilz congnurent *qu'ilz s'en pouvoient retourner*. » Et *c'est sur le temps de ce retour* que les pluies éclatent & les dispersent.

Entendons bien ce passage. La reine de Navarre ne relate l'usage traditionnel des *trois semaines* que comme un *minimum* & non comme une limite *maxima*, selon un préjugé vivace combattu par tous les praticiens. Ainsi que nos médecins modernes, elle indique clairement la nécessité de dépasser ce terme & de prolonger la cure *jusqu'au moment où, par l'effet des eaux, se produit un amendement* du mal qu'il s'agit de

variées... » (*Coup d'œil sur les eaux de Luchon, d'Ax, de Cauterets*, &c., dans la *Revue médicale & scientifique d'hydrologie & de climatologie pyrénéennes* (10 oct. 1885)

1. Dʳ Duhourcau, *Cauterets, ses eaux minérales*, &c. (chap. I, § 1).
2. Voir mon Étude ci-dessus, chap. IV.

guérir ou d'alléger. Personnellement, elle consacrait au régime des eaux thermales un mois entier, quelquefois plus, si rien ne l'en empêchait, & elle y revenait, conformément aux préceptes de nos maîtres, qui recommandent les cures suffisamment répétées &, autant que possible, annuelles. Elle n'est donc pas responsable du préjugé réfuté par eux, souvent en vain, & qui date de loin, puisque les arrangements des *cabaniers* de Cauterets, au temps jadis, étaient faits pour « *tres sempmanas compledas*[1]. »

Mais le plus singulier, c'est la déclaration du début : « Le premier jour de septembre, *que les bains des monts Pirénées* (Cauterets & autres) *commencent d'entrer en leur vertu*. » Voilà qui est positif : la *saison* (fin d'été) s'ouvrant au 1ᵉʳ Septembre, est pour Marguerite & ses contemporains une saison de *commencement* ou de *recommencement* de la vertu des eaux. Elle émet cela comme un axiome, une vérité universellement reconnue. Que veut dire cette assertion ? Suppose-t-elle que, vraiment, la vertu des Eaux s'exalte *d'abord vers ce moment*, continue pendant l'hiver & le printemps, en cessant d'agir ensuite ? Ou *commencent* doit-il se traduire par *recommencent*, les saisons de *Mai* & de *Septembre* étant égales en vertu ? Ou, enfin, les mots *entrer en leur vertu* veulent-ils dire uniquement : *en leur pleine vertu*, les mois précédents étant bons, mais Septembre meilleur ? Cette dernière interprétation est pour moi la solution du problème.

La préférence de la reine Marguerite ne risque pas d'enlever aux bains leurs cliens habituels de Juillet & d'Août (elle-même ne s'abstint pas d'y séjourner alors), mais pourrait convertir au traitement prolongé *jusque vers Octobre* ceux qui craignent, sans nulle raison, de s'y attarder ainsi [2].

La reine de Navarre nous expose quelle doit être *la vie aux bains*. Quand elle annonce au roi François Iᵉʳ que son mari va se soigner « ce mois de may » aux bains de Cauterets, elle lui dit qu'après le Carême elle y rejoindra le roi de Navarre « pour le garder d'ennuyer… car, tant que l'on est aux baings, il fault vivre comme ung enfant, sans nul soucy[3]. » Mais distraction d'esprit n'est point souci pour elle : « Dans les fraiches prairies, à l'ombre des arbres séculaires, aux bords des gaves, elle pouvait se recueillir & trouver des inspirations. Elle raconte dans une

---

1. Voir ci-dessus, § 3, & *Quelques pages authentiques de l'histoire médicale de Cauterets*, par le Dʳ Duhourcau. (Ouvr. cité.)

2. Borie, qui écrivait en 1714, dit que de toutes les saisons, l'*automne est la plus convenable*. Il accuse même le *printemps* d'être *pernicieux* : en cela, il va contre la pratique du seizième siècle & la nôtre. Marguerite n'eût pas choisi *Mai* pour elle & son mari, & ne fût pas restée aux bains en *Juin* avec sa fille, si elle avait craint les effets du printemps. (Voyez le Dʳ Duhourcau, *Cauterets & ses eaux minérales*, & l'*Épître de Cauterets* de la reine de Navarre.)

3. Voir Génin, ouvr. cité, t. II, p. 189.

de ses lettres qu'étant près des montagnes & séparée de la haute compagnie, elle a *appris à vivre plus de papier que d'aultres choses*. La tranquillité du pays était favorable *aux plaisirs de la douce escripture*. Elle ne dédaignait point cependant les autres plaisirs, & son mari avait bien raison de compter sur elle pour chasser l'ennui[1]. »

On ne recommanderait pas mieux aujourd'hui l'absence de fatigue & de contention d'esprit.

Avec ce qui précède, c'est l'esquisse d'un régime des plus sérieux, auquel s'ajoute le développement de tant de ressources inconnues du siècle de la reine de Navarre.

Montaigne opinait de même : « J'ay veu, dit-il (liv. III, chap. XXXVII des *Essais*), par occasion de mes voyages, quasi tous les bains fameux de chrestienté[2], & depuis quelques années ay commencé à m'en servir, car... j'estime le baigner salubre... Et quant à leur boisson..., elle est naturelle & simple... » Mais, poursuit-il, « qui n'y apporte assez d'allegresse pour pouvoir *gouster le plaisir des compagnies qui s'y trouvent, jouyr des promenades & exercices à quoy nous convie la beauté des lieux* où sont communément assises ces eaux, *il pert sans doute la meillere piece & la plus asseurée de leur effect*. »

La reine & le philosophe avaient devancé, tous les deux, les préceptes de nos hygiénistes.

Le climat, d'action régénératrice par l'altitude[3], l'air pur autant qu'ensoleillé, concourt aux guérisons avec la vertu des eaux, le plaisir et l'exercice réglé des promenades. Quand des hautes plates-formes de la *Raillère* ou de *César-Vieux*, on se retourne vers le val de Cauterets, le plus splendide tableau frappe les yeux par la variété des crêtes environnantes, des pentes, des reliefs & des replis de terrains, avec le Gave bondissant au travers. Malgré l'apparente clôture des monts de Peyraute, de Peyrenère, de Péguère & de l'imposant Tuc-de-Hourmigas, qui semble barrer le Sud, partout la voie s'ouvre aux promenades immédiates du *Parc* & de la *Grange de la reine Hortense*, du *Mamelon-Vert*, des *Lacets* de l'Esplanade & du plateau de *Cambasque*, ou aux excursions des lacs de *Gaube* & d'*Estom*. La route carrossable va maintenant, ici jusqu'au *Pont d'Espagne*, là jusqu'au *val de Lutour*, dans un éblouissement de cascades

Les grandes ascensions de sommets & de glaciers, qu'on ignorait jadis, parachèvent ce programme... pour les valides, sinon pour les dolents.

La sécurité progresse avec le reste. Que de craintes, autrefois justi-

---

1. B. de La Grèze, *La Société & les mœurs en Béarn*; ouvr. cité, p. 210.
2. Il raconte avoir pratiqué notamment les eaux des Pyrénées.
3. L'élévation de Cauterets-ville au-dessus du niveau de la mer est de 932 mètres; celle de *Pause-Vieux*, de 1,025; celles de *César-Vieux* & de la *Raillère*, de 1,052 à 1,053.

fiées, passent dans le domaine des chimères! L'Administration forestière avait, en 1888, consolidé le sommet croulant de Péguère par des soutènements cyclopéens de maçonnerie & des travaux de reboisement, pour empêcher des éboulements toujours redoutés par dessus le toit de la Raillère. On prépare un travail de ce genre pour le plateau de Liscy. — L'homme, en se frayant des routes imprévues, fait échec aux forces de la Nature qui le menacent, comme il prend les autres pour adjuvants.

V. — QUELS MAUX ON SOIGNAIT AUX VIEUX THERMES DE CAUTERETS. — LES RESSOURCES MODERNES.

Sur les vertus des eaux de ces Thermes, les observations médicales consignées par écrit ne datant que du milieu du dix-huitième siècle, nous manquons, pour les temps antérieurs, d'éléments positifs ou du moins d'éléments détaillés de connaissance en rapport avec nos classifications méthodiques. Les anciens faits relevés çà & là ont pourtant de quoi nous éclairer sur certains points.

La reine Marguerite envoie son mari aux bains de Cauterets pour le guérir d'une *chute* qui avait occasionné des fractures ou des contusions de quelque gravité. On les prenait pour les *plaies* & *blessures*. Auger Gaillard, dans son *Discours des bains de Cauterets* [1], dit :

« Les eaux de Cauterets *pour les playes sont bonnes.* »

Les Eaux-Bonnes, surnommées *Eaux d'arquebusade*, & les bains de Barèges détrônèrent l'antique réputation de l'eau de *César* de Cauterets, non sans injustice. On use aujourd'hui de l'eau de *César* en *bains* contre les rhumatismes, les dermatoses & les affections scrofuleuses; mais, avec Bordeu, le Dr Duhourcau s'étonne qu'elles ne soient « presque pas en usage *pour les plaies & les ulcères*, on ne sait pourquoi », alors qu'elles ont excellemment fait leurs preuves : « Je réclame pour elles la cure de nombre de ces cas, car *j'en ai vu guérir par les eaux de César* & du Bois... » Le vœu de Bordeu & de M. Duhourcau était jadis à Cauterets une réalité populaire [2]. Lomet & Ramond, puis Clément Labbat, projetèrent même d'y fonder un vaste Hôpital militaire, ce qui, plus tard, s'exécuta pour les eaux de Barèges.

Le roi & la reine de Navarre allaient au *Pic-des-Bains* soigner leurs rhumatismes, où l'eau de *César* & celle des *Espagnols* leur offraient le soulagement qu'obtient la clientèle d'aujourd'hui.

---

1. Voir Dr Duhourcau, *Les Frétayrés*, ouvr. cité, p. 11.
2. Voir le msc. des Bordeu (1749 & années suivantes), publié avec notes par le Dr Duhourcau, sous le titre de *Recueil d'observations sur l'effet des eaux minérales de Cauterets* (Pau, Cazaux, 1883). — Voir aussi : *Hist. des fontaines de Cauterets*, par le Dr Lahillonne, ouvr. cité, *passim*.

Ce mal s'appelait alors *catarrhe*. Le *catarrhe* de Marguerite « sur la mytié du cors », en 1541. n'est évidemment qu'un *rhumatisme* & non, selon la définition actuelle, un *flux morbide par une muqueuse*. Ce mot avait trois sens autrefois : 1° celui que nous avons conservé; 2° celui d'*apoplexie*; 3° celui de *rhumatisme*. Quand Brantôme parle du « caterrhe » dont la reine Marguerite mourut avec la bouche « un peu de travers », il s'agit bien du mal qui emporta Charles VIII : « Le mal du Roy fut un caterre ou *apoplexie*. » (Commines, cité par Littré.) Mais quand elle & son mari traitent leurs *catarrhes* articulaires, il s'agit de ce qu'Ambroise Paré définit ainsi : « Aucuns l'appellent descente, rhume ou *catarre*, parce que le nom de goute est odieux... » (Littré.)

Pour les réactions brusques, rien n'indique anciennement les *douches*; mais la *sudation* était d'usage constant [1].

Avait-on l'usage du *gargarisme* pour les maux de gorge? Rien ne le signale, pas plus que notre *humage* & notre *pulvérisation*. Mais on y suppléait en partie par les énormes quantités d'eau prise en *boisson*. (Borie [2].)

L'eau *en boisson* s'absorbait sûrement aussi pour les affections stomacales.

Enfin, il semble que pour la reine de Navarre & les siens, comme pour les indigènes de la région, l'usage des eaux thermales fût, par la diversité de leurs effets, propre à toute sorte de maux; & l'expérience de nos médecins n'y contredit pas, sous la réserve nécessaire des contre-indications commandées par tels états aigus & tels vices constitutionnels. En dehors des maladies ou infirmités qui amenaient nos ancêtres aux thermes de Cauterets, ils y venaient d'ailleurs pour le *remontage* de leurs forces, suivant l'expression désormais consacrée, autant que pour l'*apaisement* de leurs souffrances.

Ce *remontage* n'est pas fatalement une *excitation*, comme l'ont avancé quelques-uns, confondant celle-ci avec l'*action tonique* des eaux.

Une eau peut, comme celle de *Canarie-Bruzaud*, être hyposthénisante, sédative pour les états d'inflammation subaiguë, & cependant tonifiante.

Une troisième sorte d'action est l'action *résolutive* qui, pénétrant l'économie entière, s'attaque par degrés aux diathèses qu'elle modifie lentement & profondément.

Sans employer ces mots, sans relier ces notions éparses dans le vieil empirisme de la tradition, la reine de Navarre & ses contemporains avaient — qu'on me passe le terme vulgaire, mais expressif — la *recette* de ces effets si variés, s'ils n'en avaient pas l'*ordonnance* de la la part de leurs médecins, dont quelques-uns seuls — tels que le digne

---

1. Voir ci-dessus, § III, p. 96, ce qui concerne le *bain de Canarie*.
2. Voir : Cauterets, ses eaux minérales, etc., par le D' Duhourcau, pp. 59, 60.

Escuranis — prônaient & conseillaient l'usage des eaux thermales, comme un des moyens les plus salutaires de la thérapeutique.

Mais il convient de s'arrêter au traitement spécial des affections utérines par le *Petit bain d'En-bas* de Bordeu, ou *Fontaine d'amour* de la reine de Navarre.

Il n'est pas douteux que les femmes redoutant la stérilité soient venues chercher dans les eaux de Cauterets un adjuvant précieux. Le *Discours* d'Auger Gaillard l'atteste avec l'éclat de sa partialité même; s'il revendique pour « Banières » (Bagnères-de-Bigorre) le privilège de ce genre de cure, s'il fulmine contre les femmes se rendant « à Cauterets, *pour s'y faire frotter* tout le corps en plein bain « estant nuës » par les *frétayrés* de l'endroit[1], sa colère prouve combien ledit usage était en vigueur. Et le nom de *Fontaine d'amour* nous révèle clairement quelle nature d'eaux on y employait.

D'autre part, le désir fervent de la reine Marguerite & de sa fille, souhaitant l'arrivée du mari de Jeanne d'Albret, afin d'obtenir là une grossesse de la jeune femme, concorde avec ce qui précède. Jeanne put *se remonter* aux sources fortes du Pic-des-Bains; mais elle fut surtout, cela saute aux yeux, tributaire de la *Fontaine d'amour*. Or, un passage capital de l'*Épitre de Cauterets*[2] montre comment la célèbre « Fontaine » avait la réputation d'agir. La reine informe Antoine de Bourbon que sa femme « n'a plaisir ny exercice », sinon « de parler ou escripre » de lui :

> C'est le mestier qu'elle faict devant tous
> Et en secret. Et si, n'y a montagne
> Qu'entretenir elle de vous se faigne;
> *Dedans les baings ne trouve guerison.*
> *Cest eaue ne peult estaindre le tyson*
> *De son amour...*

Je ne voudrais point torturer le texte, pour en tirer des conclusions excessives. Cependant, il dépeint un état d'éréthisme si caractérisé, qu'on ne saurait s'y méprendre. Jeanne est venue pour en trouver aux bains la guérison *dans une action sédative* — & non *excitante* — puisque sa mère se plaint que ces bains n'aient pu « *estaindre le tyson* de son amour. » Donc elle ne réclamait pas d'eux l'effet contraire ; donc il est question *de bains tempérés ;* donc, enfin, réunissant les dires d'Auger Gaillard & de la reine de Navarre, on acquiert la certitude que si la *Fontaine d'amour* avait la vertu d'influer sur les fonctions les plus intimes de l'organisme féminin, c'était en apaisant l'irritation dont il souffrait, en régularisant ces fonctions par la propriété hyposthénisante

---

1. Il s'agit ici, non point du *massage* méthodique, tel qu'il existe aujourd'hui, mais de simples *frictions* empiriques.
2. Voir mon Étude ci-dessus.

des eaux. Cette propriété est justement celle qui, attachée au nom des eaux de *Canarie-Bruzaud*, s'affirme aujourd'hui si utilement dans l'application de l'eau du *Rocher*.

L'*irritation* maladive de Jeanne d'Albret ne semble pas avoir cédé sur l'heure aux bains favoris de la reine Marguerite. Qui s'en étonnerait ? Une cause morale, — sa passion inquiète, — la consumait :

> De jour en jour *nous la voyons périr*.

Il eût fallu, avec la prolongation du remède, le retour du mari trop aimé, & l'organisme, alors tonifié, mais calmé, eût satisfait les époux & la bonne reine

> Par le doulx fruict d'un beau petit enfant.

Mais une cause matérielle paraît avoir contribué à atténuer ou suspendre l'action modératrice de la *Fontaine d'amour* sur Jeanne d'Albret. Elle avait dû, auparavant ou concurremment, prendre, — pour un motif différent, — les bains de *César* ou des *Espagnols*, dont l'action *excitante* l'impressionnait en sens inverse[1].

Ce motif nous est fourni par sa diathèse constitutionnelle.

Quoique les chroniqueurs & les personnages officiels, &, sur leur foi, Charles-Quint, aient vanté la mine superbe de Jeanne d'Albret[2], il ressort de témoignages irrécusables qu'enfant & jeune fille, elle fut *muy flaca y debilitata*, dit son père[3]. Plusieurs graves maladies, enregistrées par l'histoire, l'éprouvèrent.

En somme, « sa santé était mauvaise[4]. » En Septembre 1537, la reine de Navarre écrit au « grant maistre » de Montmorency que sa fille « commence fort à s'amender. » Mais, deux mois après, à Blois, Jeanne fut prise d'accès de fièvre « compliqués d'un flux... avecques sang & raclures, tant fort & furieux que, sy Dieu au bout des vingt & quatre heures n'eust diminué la fièvre, son petit corps en avoit plus que sa portée. » Cette dyssenterie dura cinq jours[5].

En Mai 1541, un peu avant son premier mariage, — qui ne fut pas

---

1. Sur cette opposition des eaux plus *alcalines* que *sulfurées*, & *vice versâ*, voir : D' Daudirac, *La Fontaine d'amour*, &c., ouvr. cité, p. 14.

2. « ... dicha princessa *es de buena disposicion* », dit Charles-Quint dans un testament du 18 Janvier 1548, où il la signale à son fils, l'infant don Philippe, comme une épouse désirable. (Baron A. de Ruble, *le Mariage de Jeanne d'Albret*, ouvr. cité, pp. 251-252.)

3. Voir B. de La Grèze, *La Société & les mœurs en Béarn*, chap. IX (consacré aux *Eaux des Pyrénées*), p. 212. — L'auteur relate combien elle y recourut.

4. En Mars 1537, sa mère parle « d'un grant desvoyement d'estomach. » Génin, ouvr. cité, t. I, p. 337.

5. Baron A. de Ruble, *le Mariage de Jeanne d'Albret*, pp. 2-6.

consommé, — avec le duc de Clèves¹, elle est malade au Plessis-lez-Tours. Après les noces du 14 Juin, alerte nouvelle & plus forte : « Le 26 juin, à Chauvigny en Poitou, Marguerite reçoit de Plessis-les-Tours la nouvelle que sa fille est *dangereusement malade*. La reine de Navarre était malade elle-même. On fit courir le bruit de sa mort. Presque en même temps, *le bruit de la mort de Jeanne se répandit jusqu'en Lorraine*... La reine & la princesse..., chacune de leur côté, se rétablirent heureusement. Frotté, le 8 juillet, annonce leur guérison². » Le 11, le sire de Lavedan confirme le « retour de la bonne santé de sa maîtresse » (Jeanne), & « il insiste sur sa croissance & sa beauté³. » Sa *beauté* consistait dans les vives couleurs de son visage; pour sa *croissance*, on voit qu'elle fut difficile.

Au mois de Septembre, elle était encore malade ; le 10 Octobre, on la dit rétablie. « Enfin, diverses lettres de la reine de Navarre & de Jeanne... révèlent toute la vérité : *la jeune princesse était très malade*. » Pendant deux mois, elle avait souffert « d'une *jaunisse*. » Les chaleurs de l'été l'avaient incommodée. « A peine guérie de sa jaunisse, la princesse fut atteinte *de vomissements de sang & de pertes*... Le roi de Navarre vit sa fille à Tours & *fut frappé de sa maigreur*⁴. » On constate, le 25 Avril 1542, « que la princesse *est pâle & maigre, qu'elle a des accès de fièvre* » avec une « *faiblesse générale.* » Le beau teint de Jeanne disparaît⁵.

Malgré les exagérations & les contradictions intentionnelles de la politique en cette affaire, les détails sont trop justes pour être fictifs. Entre temps un *mieux* se produit. Mais la santé demeure délicate.

« *Blonde* d'après tous ses portraits », malgré l'assertion contraire de l'historiographe Olhagaray, Jeanne d'Albret nous apparaît « la bouche serrée, les lèvres minces, le nez long, les sourcils peu épais, l'œil clair...⁶. » L'énergie nerveuse la soutient, non la force musculaire. Des fièvres fréquentes l'exténuent. Sa fin précoce, attribuée par une sotte légende au poison de Catherine de Médicis, arriva par « un mal de pleurésie », dont le prodrome fut une fièvre intense, & que sa faiblesse rendit mortel, au cours de sa quarante-quatrième année⁷. »

De ces traits épars se dégagent les caractères d'un tempérament lymphatico-nerveux. Ses fraîches couleurs purent faire illusion aux igno-

---

1. Voir mon Etude ci-dessus, chap. IV.
2. Baron A. de Ruble, *ouvr. cité*, pp. 140, 141.
3. *Ibid.*, p. 141.
4. *Ibid.*, pp. 158, 159.
5. *Ibid.*, p. 163.
6. *Ibid.*, p. 261.
7. Voir la lettre de son fils Henri, avec preuves à l'appui. (B. de La Grèze, *Le Château de Pau*, ouvr. cité, pp. 166-168.

rants & inspirer les compliments des flatteurs. Olhagaray n'oublie pas
« l'*ébène* de sa face¹. » Traduisez : l'*ébène rouge*.

Cela cadre avec les épithètes parfois mal interprétées de Nicolas
Bourbon, précepteur de Jeanne & poète latin, qui « tantôt... loue » &
« tantôt... raille la fraîcheur de son teint », la nommant « *puellam
rubellam*². » Pour une paysanne, on traduirait sans façon *rubella* par
rougeaude. Pour une princesse, écrivons, s'il vous plaît mieux : *à la
mine rosée*, — ce qui se vaut. Une pareille mine décore très fréquem-
ment de très lymphatiques personnes.

Mais Jeanne avait plus que du lymphatisme; cela allait jusqu'au
tempérament scrofuleux. Je n'invente rien : « Saint-Mauris (ambassadeur d'Espagne en France), nous apprend, en 1547, « qu'elle avoit
quelques glandes au collet, *que l'on se doubte que ce soit le mal des
écrouelles. Et est jà ledict mal depuis longtemps*, tellement qu'elle fut
touchée par le feu Roy (François I⁰ʳ) que toutesfois ne luy a profité.
Et l'on tient *que le Roy moderne y mettra la main après son sacre*³. »

Comprend-on maintenant qu'elle ait eu besoin de deux traitements
opposés : le premier pour sa *scrofule* & le second pour son *éréthisme*?
Et comprend-on que, faute d'un praticien consommé, chargé de régler
ce duel thermal, la pauvre princesse n'ait pu bénéficier jusqu'au bout
des qualités de ces eaux si efficaces, — & ce, précisément en raison
directe de leur efficacité spécifique⁴ ?

Nous n'avons plus la crainte de tels mécomptes, & il ne subsiste
pour nous que les vertus immanentes des eaux, distribuées suivant des
modes rationnels.

Depuis le début du dix-septième siècle, les sources du Sud sont
venues accroître les ressources médicales & la richesse de la station
thermale de Cauterets.

Les eaux de la *Raillère*, du *Bois*, du *Pré*, du *Petit-Saint-Sauveur*,
des *Œufs* (en bains, douches, &c.), les buvettes de la *Raillère*, du *Pré*,
de *Mauhourat* & des *Œufs*, ont apporté de quoi diversifier presque à
l'infini les traitements appropriés aux maladies & aux infirmités, soit
isolément, soit de concert avec les eaux de l'Est, qui ont aussi conservé tant d'applications *sui generis*. Si toutes ces eaux, qui se concilient
& s'entr'aident par leurs analogies, mais sans double emploi, sont

---

1. Baron A. de Ruble, *ouvr. cité*, p. 36.
2. Baron A. de Ruble, *ibid.*, p. 7.
3. Baron A. de Ruble, *ibid.*, p. 261.
4. Le *Petit-Bain des Pères*, comme plus tard *Bruzaud*, servait encore au traitement des *entérites, engorgements abdominaux*, &c., & Jeanne put en user à cet
effet. On y affecte de même leur successeur, le *Rocher*, ainsi qu'aux dartres sécré-
tantes, aux rhumatismes des sujets nerveux & aux bronchites catarrhales chro-
niques.

congénères &, le cas échéant, complémentaires les unes des autres; on ne saurait dire qu'elles se suppléent d'une façon vraiment adéquate.

La reine de Navarre avait grandement raison de les déclarer *merveilleuses*. C'est l'expression du préfet Chazal en l'an XIII[1].

Leur sulfuration, non excessive, loin d'être leur seul caractère spécifique, se combine avec des éléments si divers, qu'il résulte de là une synergie particulière. En n'envisageant que leur *sulfuration*, on risque de n'y voir qu'une force excitante. Or, essentiellement *alcalines* en outre (sodiques-chlorurées[2]), elles comportent les moyens d'action les plus topiques—entre l'*excitation* & la *sédation* tour à tour commandées par l'idiosyncrasie & l'état présent des malades, — à tel degré d'atonie, d'inflammation ou de névropathie.

Les sources du Sud, indépendamment des propriétés qu'elles partagent — selon des nuances très variées — avec celles de l'Est, & qui ont leur application dans les Thermes du *Bois*, du *Pré*, du *Petit-Saint-Sauveur* & des *Œufs*[3], possèdent dans les bains de la *Raillère* un agent curatif de premier ordre pour les *maladies des voies respiratoires* non justiciables des Eaux-Bonnes.

Mais ceci excède mon sujet, & il faudrait presque un volume pour s'y arrêter.

Là-dessus, comme pour le surplus des matières qui font l'objet de cet Aperçu (en dehors de mes recherches personnelles), je renvoie le lecteur aux savants travaux des spécialistes[4].

1. Lahillonne, *ouvr. cité*, p. 26.

2. Elles sont aussi *azotées* & *silicatées* (silicates de soude, de chaux, d'alumine, &c.

3. Du *Bois* & du *Pré* relèvent certaines formes de rhumatismes, du *Pré* divers genres d'ulcères, dermatoses, &c.; du *Petit-Saint-Sauveur*, la chlorose, l'asthénie des enfants & des femmes, la névrose utérine; des *Œufs*, tout ce qui doit stimuler la vitalité des tissus, réagir contre les états atoniques d'affections invétérées. L'eau de *Mauhourat*, uniquement prise en boisson, apéritive, digestive, diurétique, sert pour l'herpétisme et l'anémie comme pour les dyspepsies.

4. Voir, outre les ouvrages déjà cités :

1° D' Duhourcau, *De l'alcalinité des Eaux sulfureuses des Pyrénées, & en particulier des Eaux de Cauterets* (dans les *Annales de la Soc. d'hydrol. médicale de Paris*, 1879.) — *La phtisie pulmonaire & les eaux de Cauterets*. (Toulouse, Ed. Privat, 1887.) — *Les bains de Cauterets dans le traitement des maladies de femmes*. (Tarbes, Perrot-Prat, 1888.)

2° D' Garrigou et D' Duhourcau, *Source du Rocher & Etablissement des Néothermes à Cauterets*. (Paris, 1882.)

3° D' Daudirac, *La source du Rocher* (Toulouse, E. Privat, 1886.)

4° D' H. Guinier, *Le soufre des eaux sulfurées sodiques*. — *La source thermale sulfureuse de la Raillère...* (Paris, Doin, 1890.) — *Durée de la cure thermale*. (Pau, Cazaux, 1889), — de nombreuses *Études laryngoscopiques* (Pau, Cazaux.) & *Histoire médicale de Cauterets* (dans le *Journal de Cauterets*, 1896-1897).

Voilà déjà de bien amples développements, & bien techniques parfois. Mais n'ont-ils pas un exceptionnel intérêt ?

J'ai cru qu'aux pages d'histoire générale & d'histoire locale tracées plus haut par moi, d'après d'authentiques documents, inédits ou mal connus, je n'aurais pas tort d'ajouter ces linéaments d'histoire médicale, qui ont, sur beaucoup de points, la même origine. Il appartient aux hommes de l'art d'en tirer, avec une compétence absolue, les dernières conséquences.

FIN.

Toulouse. Impr. Douladoure-Privat rue Saint-Rome 39. — 3698

www.ingramcontent.com/pod-product-compliance
Lightning Source LLC
Chambersburg PA
CBHW070529100426
42743CB00010B/2010